JN205128

スクールカウンセラーの
ビリーフと
アクティビティ

児童生徒・保護者・教師とどう関わるか

稲垣応顕・坂井祐円 編著

水上和夫・横澤富士子・戸田弘子 著

金子書房

序　文

スクールカウンセリングを考える

　「スクールカウンセラーとは何か？」とは今さらのような問いである。しかし本書は，あえてその本質（根本）を問い直すことをねらいとしている。つまり，今日の学校には様々な資格をもつカウンセラー（準カウンセラー）が出入りしている。しかしながら，それらのカウンセラーが統一された考え方や方向性をもって生徒・保護者・教師などと関わっているかというと，それには疑問が生じるのも事実である。

　2016年9月7日に，国会で公認心理師法が可決・成立した。それにより，スクールカウンセラー制度の体系化が一歩前進したかのようにも思われた。しかし，実際の運用については今日なお，不透明なままであるようにも見受けられる。筆者なりにその最たる理由を掲げれば，公認心理師の資格における背景理論が不明確なことなのであろう。換言すれば，今日すでに運用されている，種々のビリーフ（信念）を背景としているカウンセラーや心理士の取り扱いが言及されていないことである。以下に，もう少し詳しく本書におけるスクールカウンセラーについての問いを掲げていく。

第1の問い：「スクールカウンセラー」の捉え

　カウンセラーについては，その仕事内容について "受容・共感・自己一致の態度を基本要件としながら，クライアントに専門性と感情交流による関わりをもち，自己決定とポジティブな行動を促す存在である" との捉えでコンセンサスが得られると思われる。問題は，「スクール＝学校」の語である。つまり，学校の語を単にカウンセリングを行う "場" と捉えるのか，生徒に公教育を教授する機能体という意味にまで踏み込んで捉えるのかということである。それにより，スクールカウンセラーに求められる役割＝職務内容が異なってくるの

ではないかと考えるのである。これは，各種の○○カウンセラーまた△△心理
士を支えるビリーフ（＝哲学・信念）の問題と直結する。換言すれば，スクー
ルカウンセラーは，どのようなビリーフのもとにカウンセリングを行うのであ
ろうか。そのビリーフにより，実践されるカウンセリングの目的と方法が違っ
てきはしないだろうかということである。あえて記せば，方法は様々であって
よいと思われる。しかし，職務の目的に統一が図られないのでは，スクールカ
ウンセリングの方向性が定まらないのではないかと思われる。

第2の問い：「教育とカウンセリングは，最終段階で折り合いがつかない」
　犬塚（2006）に代表される上述の言説をどのように捉えるかということであ
る。筆者なりの表現をすれば，教育とは生徒に「枠付け」の作業を行うことで
ある。「枠付け」の表現が乱暴ならば，生徒たちが民主国家としての協働体で
あるわが国の“実社会”に適応し生きていくために，世の中のモラル・ルー
ル・マナーを身に付けさせるよう指導・支援するとも言い換えてもよいと思わ
れる。また，今日的なキーワードを引けば，2005年の第57回国連総会で採択さ
れた ESD（＝Education for Sustainable Development：持続可能な開発のため
の教育）を背景とした，「基礎力・思考力・実践力」の総称としての「21世紀
型能力（21世紀を生き抜く力）」による「生きる力」を育む場であろう。そこ
では，実社会における物事を知っているだけでは済まされず，当該の物事に対
応できる実践力の育成が謳われている。もちろん，ここで筆者は特別な教育的
ニーズを要する生徒の存在を軽視してはいない。筆者自身が，大学院修士課程
は（旧）障害児教育講座の出身である。そこで学んだ感覚からも，わが国の学
校教育は強者だけのものではなく，個々の生徒それぞれに応じた生き方・在り
方，および生きる意味と生きる意義を尊重していることは確かである。
　ちなみに，「実社会」の言葉を辞書で引くと「実際の社会。［美化・様式化さ
れたものとは違って複雑で，虚偽と欺瞞とが充満する，毎日が試練の連続であ
ると言える，厳しい社会を指す］（下線＝筆者）」（『新明解国語辞典』第三版，
1987）と意味が出てくる。実社会のすべてがそうであるとは思いたくないが，

そのような側面があることも事実である。教師は日々の学校教育活動の中で，生徒がその実社会に出た時に一人格として生きていけるための教育を教授しているのだと考える。

　それに対してカウンセリングとは，いわば「枠外し」の作業を行うことであると思われる。つまり，「君を悩ませ・苦しめている世の中のあらゆること，君が圧力（プレッシャー）と捉え，君自身を動けなくさせてしまっているすべての枠を取り払って，自由を取り戻そう。自分自身になってみよう」と促しているのである。現実原則と快楽原則，両者の整合性をどのように取ればよいのかということである。そもそも，そのギャップは埋められるものなのであろうか。なお，筆者の研究領域である教育カウンセリングの領域では，両者の位置関係と育成する生徒像について「現実原則の中で快楽原則を満たせる生徒」を掲げている。

第3の問い：そもそも「カウンセリングとは何か」

　筆者は，大学（大学院）における自身の授業の1コマ目で，カウンセリングの概念定義を伝えている。その際，伊東（1995）の「カウンセリングを示す5つの命題」を取り上げることが多い。以下にそれを示しながら，学校教育の考え方（伊東によるカウンセリングの捉えとの相違点）を記してみたい。

① 　伊東は，「カウンセリングは話させることではない」と提示する。確かに，カウンセリングは，心理的に疲れているクライアントに安全で安心できる時間と空間，リラクゼーションを提供する。話すことを強要するのは警察の取り調べであると考えるからである。学校教育も基本的には生徒や保護者と関わる際にカウンセリングと同様の姿勢を取る。しかし，学校が教育機関である以上，教師は生徒に発言や自己表現を求め強く促す時がある。あくまでも本人の自由意思に委ねるということでは済ませられない場面が，多々あるからである。例えば授業場面である。教師の質問に対して，生徒が「答えたくありません／今は答える気になれません」では，教育（授業）は成り立たない。また，生徒指導上の場面でいえば，他者に対する「ありがとう」と

「ごめんなさい（すみません）」の言葉（意思表示）も生徒の人格成長と他者との良好な関係性形成には欠かせない。

② 伊東は、「カウンセリングは，指示や助言を与えることではない」と提示する。確かに，カウンセリングを受けに来たクライアントに指示や助言を常に行うと，自立（律）を促すはずのカウンセリングが依存と甘え，指示待ち人間を育成することになりかねない。それは，クライアントをロボット化することであり，彼らの自主性や主体性を損なうことにもなりかねない。しかし教師は，時にあえて指示や助言を与えることがある。生徒の悩みや問題に対し，時は待ってくれないからである。そこで，例えば助言を与える際に，「その問題に立ち向かうには，Ａという考え方（方法）があると思うよ。また，Ｂという考え方（方法）もあると思うよ。もしかすると，その他にも考え方（方法）があるかもしれないよね」などと，2つ以上の選択肢に「その他」を加え，生徒の自己決定を促すことはよく認められるところである。ここには選択による自己決定という自主性や主体性を誘発する意図が入り込んでいるのである。

③ 伊東は、「クライアントの人生はカウンセラーの人生ではない」と述べ，さらに「クライアントの問題はカウンセラーが解決できるものなのか」「例えば，クライアントの問題をカウンセラーが解決できると仮定して，それは必要なのか（してよいのか）」と提示する。確かに，教育場面においても生徒の人生は生徒自身のものであり，先生のものではないことは明らかである。先生は，生徒に代わってテストを受けてくることも，当該の生徒が好きな異性に代理告白してやることもできないのである。生徒に代わって，トイレで用を足すことさえできないのであるから……。しかし，教師は生徒の代わりに生きられないからこそ，学級をはじめとする集団の中に生徒を置き，協働して問題や課題を解決すべく方法，個人で悩み考え自分なりの解決を見出すことに寄り沿い指導する。指導の言葉が強すぎるのであれば，このような関わりはガイダンスするとも言い換えられる。また，一般にカウンセリングで"寄りそう"という時には，「添う」の漢字が使われる。これは，生徒

自身に寄り添うことを意味している。それに対し「沿う」というのは，生徒自身というよりも生徒が抱える問題に寄り沿うという意味合いをもつ。つまり，問題解決型の寄り沿いなのである。生徒がまだ上手くできないことを教師がやれるという場面は多々あるものである。教師は，時にそれを一緒に，また肩代わりすることで，生徒に達成感や守られているという感覚，感謝の気持ちを育て，「自分は独りぼっちじゃない。愛されている存在なのだ」と実感させようとすることがある。

④　伊東は，「カウンセリングは，『治療する』ことでも『治す』ことでもない」と提示する。確かに，「治る」という言葉があるとすれば，それはクライアントが自ら治っていくのであり，カウンセラーは彼らを心理的側面から支える脇役なのだろうと思われる。しかしながら，やはり学校は治療機関ではなく教育機関である。カウンセリングには，「治そうとするな。教えようとするな。解ろうとせよ」との言葉がある。その言葉を学校は，「直して下さい。教えて下さい。ただし，その生徒を解ろうとしながら」と置き換える。ダメなものはダメと直していかないと，当該の生徒は実社会の中でつまはじきにされてしまう確率が高い。分からないことは教えていかないと，生徒の成長が遅々たるもの，もしくは見込めないものになってしまう。ただし，両者に共通するビリーフがある。それは，「解ろうとしながら」である。そしてもう一点，これは両者の違いになるが，伊東（1995）はカウンセリングの視点から「なおす」の漢字として「治す」を当てているのに対し，学校教育は「直す」の漢字を当てはめる。両者にはその違いがあると思われる。

⑤　伊東は，「カウンセリングは，『支持』や『保証』を与えることではない」と提示する。支持とは，原則として存在そのものに対するカウンセラーの態度表明として使用される用語である。用例としては，「あなたのしてしまったことはしてしまったことだ。しかし，それでもあなたは大切な存在である（You are OK！）」という具合である。ただし，本稿で掲げている伊東の用例は，いわばクライアントを"よいしょする"，換言すればおだてるという

意味合いかと思われる。確かにカウンセリングでは，クライアントが実際に努力した行動については承認したり称賛したりする。しかし，クライアントがまだ行ってもいないことについては，それを話すクライアントを受容はすれど支持はしないのが一般的である。それに対して教師は，生徒の意欲・やる気を喚起させることをねらい，あえて支持や保証を行うことがある。よく見られる例では，生徒を前にした「やればできるよ！」という激励であろうか。ここには当然，「やってできなかったときに，誰が責任を取ってくれるのか。先生は，責任を取ってくれるのか」といった反論が持ち上がってくる。それにもかかわらず教師がそれを口にするのは，繰り返しになるが生徒の意欲を引き出すためである。いわば，アドラーの勇気づけにも似た感覚なのであろうと思われる。だからこそ，教師はただ単に「やれば〜」とは言わない。その言葉を伝えた後で，具体的に"何を・どこから・どうすればよいのか。その問題（課題）を解くために何を手がかりにしたらよいのか"をガイダンスしていく。そして，生徒がやってみてできなかった際には，その時点での努力を認め，どうしたらよいかについて別の視点を共有しながら考えを提示するのである。

「序文」という割には，長文になった。しかし教育の場で実践されるカウンセリング，またその担い手としてのスクールカウンセラーとは何なのかという問いにはなったように思っている。ちなみに，筆者自身もスクールカウンセラーの端くれである。

　最後に，本書刊行まで，ていねいかつ誠実にご支援頂いた金子書房の金子紀子社長，編集部の亀井千是氏に感謝致します。

稲垣応顕

［文　献］
金田一京介・見坊豪紀・金田一春彦・柴田武・山田忠雄（1987）実社会．新明解国

　語辞典　第三版，490

伊東博（1995）　カウンセリング［第四版］．誠信書房

犬塚文雄（2006）　毎日の生徒指導．図書文化

［目　次］

＜第 I 部＞

スクールカウンセリングの理論と課題

第1章

スクールカウンセラーのビリーフ

稲垣　応顕

1　はじめに

　1995年，わが国の学校教育現場（以下，学校と記述）で文部科学省（以下，文科省と記述）の委託事業である学外からのスクールカウンセラー（School Counselor；以下，見出しと引用を除き SC と記述）の導入が始まった。当初，それは「異文化交流としてのスクールカウンセラー事業」などとも称されていた（前田，1998）。林・大日方（1999）は，SC 導入の背景として，大量の情報や多様な価値観の中で「児童・生徒の悩みや問題の複雑さが，学級担任の対応能力の限界をはるかに超えている」状況があったことを指摘している。筆者は，黒羽（2011）が述べるように「学校とは教員文化・生徒文化・学級文化を内包したその学校独自の学校組織文化をもつ集団」であり（図1—1），「学校が社会の縮図であることから，教師も生徒も学校自体もその影響を受けやすく変化する。そこで，常に学校システムや教師自身の自己更新が求められる」との見解を支持している。すなわち，学校への SC 導入は時代の要請による教育会（界）の自己更新の一つだったのだと捉えている。

　文科省から毎年公開される SC に関する報告書を概観すると，SC 活用の度数は増加している。文科省は，その数値を根拠にこの事業がうまく機能していると結論づけている。しかし，筆者はうがった見方をしているであろうか。当該事業による児童生徒（以下，一括して生徒指導上の用語である"生徒"と記述）への，特筆すべき心理教育的効果（成長）は認められていないように感じ

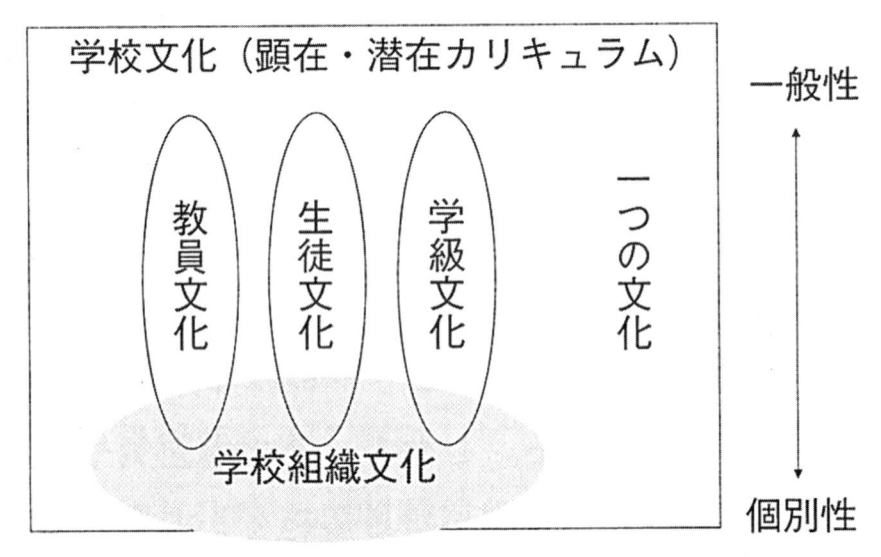

図1－1　黒羽（2011）による「学校組織文化の様相」

ている。

2　スクールカウンセリングとスクールカウンセラーの問題点

　わが国の SC 制度における最大の課題は，①それ自体の本質が明らかでない
こと，またそれと関連して②SC の位置づけが曖昧なこと，である（スクール
カウンセリング推進協議会；以下　協議会と記述，2011）。換言すれば，この
問題はスクールカウンセリングの守備範囲もその業務担当者にどのような能力
が必要なのかも明らかでなく，その業務を遂行するためのバックグラウンドと
しての理論（学問）にも定説がないことを意味している（國分，2001；上地，
2005, et al）。今日のところ，文科省（2011b）が初等中等教育局長通達「ス
クールカウンセラー等活用事業実施要領（2011年3月改正）」で示している資
格要件は，①臨床心理士，②精神科医，③臨床心理学の大学教員，とされてい
る（ちなみに，筆者も SC としての職務を担っているが，前述の資格要件は満

たしていないと自負してもいる）。

　このような状況の中で加勇田（1996）は，SC自身が自分の守備範囲についての認識と教師から期待される役割にズレがあると感じていることを見出している。また河村（2003）は，全国1万4千人の教師を対象としてSCに期待していたことに対する満足度が低かった事柄への調査を行い，それが「非行への対応と学校組織へのコンサルテーション」であったことを報告している。加えて，財務省主計局（2005）は「臨床心理士がスクールカウンセラーとして配置されている学校では，いわゆる問題行動の減少率が10％であったのに対し，それ以外のスクールカウンセラーが配置された学校では，問題行動の減少率が30％であった」ことを認め，文科省に臨床心理士以外の有資格者の導入を求めた。上述の報告を受けた文科省は，「スクールカウンセラーに準ずる者」の名称で，前述以外での人材採用枠を全体の40％まで拡大している（協議会，2011）。

　筆者は，SCとして臨床心理学や医学の知見が不必要だと思っているわけではない。また，本稿で両者のいずれかが優れているとか劣っているとかの議論をしたいとも考えていない。後述する通り，"誰のためのカウンセリングなのか"との問いに対しては，いずれの有資格者も"子どものためのカウンセリングである"と答えるのであろう。そして，それが両者の共通点であろうと考えている。しかしその中で，生徒が出くわす発達課題上の問題や周囲との関係性に起因する問題へのサポートには教育カウンセリングの知見が有用であり，過去の出来事や個人内部（intrapersonal）の問題に起因する夜尿やチックなどの問題には，心理療法の知見の方が応えやすいと考えるのである。なぜならば，両者の資格取得における養成プログラムは，養成しようとする人材が異なることから，当然のことながら異なっている。換言すれば，それぞれは背景理論を異にすることから，研修内容にも独自性をもつのである。あえて加えれば，筆者は学校で生徒たちが出くわす悩みや問題は，前者の方が多分に多いと感じている。

　ちなみに，國分（2009）は「自分が出来ないことまでも出来るかのように謳

うのは専門家としての倫理違反である」と述べている。筆者はその知見を支持
している。すなわち，良い・悪いの話ではなく両者には住み分けが必要なので
あろうと考える。

3　米国におけるスクールカウンセリングの概念とカウンセラーの役割

　カウンセリングの発祥地である米国では，スクールカウンセリングの位置づ
けと派遣されるカウンセラーの役割に明確な概念が形成され，それが全米の教
育会＝学校で認知されている。

　1952年に創設された米国SC協会（The American School Counselor
Association；以下，ASCA）は，「カウンセリングは人間を援助する過程であ
り，人々の意思決定と行動の修正を支援する。スクールカウンセラーは，すべ
ての子どもたち，学校職員，保護者と家族，地域住民に関わる教育プログラム
を遂行するために不可欠な成員である。スクールカウンセリングの目標は，学
業発達，キャリア発達，個人的−社会的発達に焦点を当て，個々の子どもたち
が学校において成功するために援助することである」と定義している
（Campbell & Dahir, 1997）。さらに，その任にあたるSCを「子どもたちと教
師，保護者，管理職を援助する認定専門教育職（Certified professional
educator）；下線は筆者，以下同様」と位置づけている（Campbell & Dahir,
1997）。つまり，SCは心理職ではなく教育職とみなされているのである。そし
て，その役割と方法については，①個別カウンセリング，②スモールグルー
プ・カウンセリング，③クラスルームガイダンス，④ピア・サポーターの養成
訓練，⑤コンサルテーション，⑥コーディネーションと規定されている。

　ちなみに，米国でSCと呼称される専門職に就くためには，教員養成大学院
修士課程修了に加え，教員免許状の保有が必須要件となっている。加えて，学
校カウンセリング関連の専門講義と演習700時間，学校教育現場でのカウンセ
リング実習600時間の修得，資格認定試験の合格が必要となっている。上地
（2007）は，この事実を「米国のスクールカウンセラー養成は，教員養成プロ

グラムの一環として行われている」と端的に指摘している。筆者は，この制度また上地の知見を支持している。くり返すが，学校とは，治療機関ではなくあくまで教育機関なのである。

　したがって，スクールカウンセリングの目的は学校教育のそれと同一であると捉えられる。周知の通り，学校教育の二本柱は教科（学習）指導と生徒指導である。スクールカウンセリングは，学校教育や生徒指導の観点から生徒が成長・発達する際に出くわす発達課題（悩み）を乗り越えるべく行われる支援であると考えるのである。

　なお，生徒が発達課題を乗り越えるとは，必ずしもその課題（悩み・問題）が解決されることを意味しない。ロジャーズ（Rogers, 1961）が述べるように，彼らが「真に自立する存在。問題を抱えながらも，それに立ち向かい生きていく強さを有する存在」になっていくことであろう。また，幼稚園から社会に出るまでの間に誰にも突きつけられる発達課題について，協議会（2011）は「学業（Academic Development），進路（Career Development），人格形成（Personal Development），社会性（Social Development），健康（Health Development）」を挙げている。筆者はこの見解を支持しつつ，もう１つ"良好な関係性形成（Relation Development）"を加えたいと考えている。なぜならば，依然として学校教育で大きな問題となっている登校拒否（不登校）のきっかけとそれが持続する理由の第１位（文部科学省，2018），防止と対応が喫緊の課題となっているいじめ問題の発生機序にも，友人を始めとする人間関係が大きく影響しているからである（稲垣，2017）。さらに，教育＝「教え育てる」という観点からも，「21世紀を生き抜く力」（国立教育政策研究所，2015）において「基礎力・思考力・実践力」が重要な能力とされている。筆者の解釈では，この用語は知的な理論武装＝防衛機制を働かせる評論家の育成を意図した言葉ではない。そうではなく，「知っている知識をフル活用して自分の人生をいかに切り開いていけるか，クリエイトしていけるか，自分は何が出来るのか」を問われた時に答えをもっていることを意味している。筆者は，これまでの臨床経験・教職経験から「21世紀を生き抜く力」をもつ生徒の育成を支持

している。

4　わが国の学校教育と学校教育相談（スクールカウンセリング）

(1)　学校教育と学校教育相談

　わが国にカウンセリングが輸入された当時，すなわちわが国におけるカウンセリングの草創期に立ち合った伊東（1995）は，その定義を「カウンセリングとは，言語的また非言語的コミュニケーションにより，クライアントを心理的側面から援助する専門的な対人援助活動である。そこでは，カウンセラーとクライアントとの感情交流が重視される。またその目的は，単にクライアントにカタルシスを生じさせることに留まらず，何らかのアクションを促すことにある」と提唱している。また國分（1980）は，「カウンセリングとは，言語的および非言語的コミュニケーションを通して相手の行動の変容を援助する人間関係である」と定義している。ここで共通しているのは，カウンセリングが①言語的および非言語的コミュニケーションを用いること＝良好な感情交流を重視していること，②カウンセリングを受けに来た人の行動変容を促すことである。

　他方，筆者はデューイ（Dewey, 1899／宮原訳，1957）が述べる「学校とは，子ども達の社会化を形成するための教育の場」であるとの見解を支持してもいる。したがって，その知見を発展させた國分（2001）が「教育とは子どもの社会化と個性化が主軸になるから，社会・文化の学習と人間関係を介しての自他の認識がその内容となる」と述べることにも共感する。筆者なりに表現すれば，「学校教育の入り口には，健全なリーダーシップをもった教師の指導・支援と，その下での良好な人間関係が不可欠であり，それがなければ学校教育は成り立たない。一方，学校教育の出口である卒業時に，子どもたちに求められる資質・能力の重要な一つも，良好な人間関係形成能力の獲得である」ということである（稲垣，2013）。我々人間は一人一人が唯一絶対で個性豊かな実

存的存在である。しかし同時に，タテ関係においてもヨコ関係においても独り
だけで生きているわけではない社会的存在でもある（稲垣，2011b）。文科省
も戦後一貫して学習指導要領総則で，生徒の「個性の伸長」と共に「社会性の
育成」を掲げている。整理すれば，学校教育とは生徒に個人としても集団とし
ても社会化を念頭に個人の発達を促す場であることは確かなのだと思われる。

　一方，前述の通り「教科指導と生徒指導は，学校教育の中心をなす2本柱
（両輪）」である。文科省から諮問を受けた中央教育審議会（2005〜2008）は，
学習指導要領改定の柱として俗にいう"ゆとり教育"から"学力重視"への方
針転換を答申した。また，価値観が多様化しわがままと個性が混同されつつあ
る今日の状況を踏まえ，道徳教育の重視と規範意識の向上も答申した。さら
に，自己理解と自己管理能力・ひいては将来的に社会を担う健全な市民・職業
人の育成を念頭に，自分の「生き方・在り方」を考察するよう促すキャリア教
育の重視を打ち出してもいる。そして，持続発展可能な社会を形成する土台と
しての「望ましい集団」形成をキーコンセプトに「人間力の向上・望ましい集
団作り」＝特別活動にも力を注いでいる。

　学校とは公教育の場である。約10年ごとに改定される学習指導要領は，提示
される内容が振り子のように行ったり来たりしていることが窺える。このこと
について，かつて文科省のキャリアをもつ同僚から「10年ひと昔というよう
に，10年も経つと社会は変化しているから。それに影響される子どもの姿も変
わるんだ。指導要領の改訂は，その軸修正として行われるんだ」と聞いたこと
がある。

　しかし，時代がどのように変わっても民主社会を構成するための規範意識の
向上と維持には，生徒のモラルジレンマ状況における自己決定能力の育成が必
要であろう。キャリア教育の原点である自己理解・自己管理能力は，カウンセ
リングの原点である自己理解・自己受容・自己責任能力の促進と基盤が同義で
ある。さらに，特別活動がその大前提に置く「望ましい集団」の形成とは，
「自分の言いたいこと，自分が言わなければならないことをはっきりと伝え
（自己受容による自己表現能力），その分相手の話を傾聴し（他者理解・他者受

容能力），その上で価値観の異なる他者と協調また協働していける（グループコンセンサス能力）」集団作り（稲垣，2004）が必要であろうと思われる。そして，上述のすべての共通点としてカウンセリング（大きく言えば教育臨床）の考え方と手法は介在する。

　そうであるならば，スクールカウンセリングは児童生徒の成長・発達を促す視点に立ち，上述の方針＝学校教育が目指している方向に沿って実践されることが本筋であるように思われる。スクールカウンセリングは，問題行動を有する一部の児童生徒のみを対象としていない。また，問題行動を生じさせた（生じさせている）生徒に過去を振り返るよう促し，それにカタルシス（心の浄化）を与えるだけの活動でもない。過去の行為への反省を促すだけの教育活動でもないのである。そうではなく，現時点での自分および周囲との関係性における事実に焦点を当て，それをしっかりと見つめ直すよう促し（自己への直面化＝自己省察），現在の生活で直面している問題（＝発達課題）に対し「何を手掛かりに，何をどこからどのようにはじめ」（稲垣，2009）どのような方法で乗り越えていくかの見通し（＝計画また作戦）の省察と実行を促すことが教育活動なのである。

　事実として，登校拒否・いじめ・非行行動など，児童生徒が有する悩みや問題のほとんどは，他者との関係性により生じている（文科省，2018）。そして，上述の生徒が周囲（社会や国の教育体制）をどのように批判し愚痴ろうが，それらはそうそう変わるものでもない。アドラー心理学の勇気づけ理論を待つまでもなく，自分が目標を持ち勇気を振り絞って自ら行動しなければ，自分にとっての現実は何も変わらないことは多い。

　上述に関連し協議会理事会（2011）は，「学校でのカウンセリング（教育相談）業務とは何か。それは，子ども達が発達課題を（自ら　※筆者加筆）解決して成長するのを支援する事である」との指針を提示している。スクールカウンセリングが，発達志向・未来志向であることは明らかである。

(2) 学校教育相談と生徒指導

　学校には，従前から生徒指導がある。そして，生徒指導とカウンセリングは最終段階で折り合いがつかず，相容れないとの見解もある。このことについて犬塚（2000）は，「今日の学校では，ピア・プレッシャーの中で自らを煽り，急き立て，自分なりのペースとリズムを見失っている子どもの姿が目につく」と指摘した上で，両者が折り合えない理由について「カウンセリングがその生徒の心理的自由を束縛している枠を外して，生徒の気持ちを開放（解放）するよう促しているのに対し（快楽原則），生徒指導は子ども達をいわば枠づける，言い方が悪ければヘルバルト以来，わが国の教育界が取り入れてきた集団体制による社会性（モラル・ルール・マナーを教え込む）を訓育しようとしている（現実原則）からである」（犬塚，2006）と述べている。新井（2005）も同様に，「集団に重点を置く訓育的・審判的な生徒指導と個に重点を置く受容的・非審判的なカウンセリングとは相反すると捉えられ」るのであろうと指摘している。

　ちなみに，現行の学習指導要領改訂に先立ち行われた中央教育審議会（2005〜2008）では，米国でその効果が謳われたゼロ・トレランス（寛容なき生徒指導）」の導入が検討された。しかし文科省（2008）は，生徒指導のねらいが「自己指導力の育成」（＝自分の長所を自分で伸ばしていける能力の育成）であるとの見解を堅持し，「生徒指導とは一見厳しさを望みがちですが，優しさこそが生徒指導の本筋なのです」と述べ，ゼロ・トレランスの導入を見送った。また，今後の生徒指導におけるキーワードに「セーフティー・カウンセリング・ガイダンス・チーム」を置き，キーコンセプトをパターナリズム＝温情的介入主義としたのである（文科省，2011a）。筆者の感覚では，その移行はトップダウンの生徒指導からボトムアップの生徒指導への転換と映る。

　そして前節での論述も含め，スクールカウンセリングの定義また概念の共通ポイントを整理した時に，それは①生徒またその保護者や，教師個人および学校組織を対象としていること，②発達志向であること，③心理的側面からの指

導・支援だけでなく，ガイダンスやコンサルテーション，コーディネートなどを守備範囲に含むこと，としてまとめられるのではないかと考えている。

5　学校教育相談とその近接領域

ところで，今日においてもスクールカウンセリングは，病院などを主たる実践場面とする心理療法と同一視＝混同されている感が否めない。この混乱の基として，わが国に最初に輸入された手法がロジャーズによる来談者中心療法であり，彼が心理療法とカウンセリングの区別を明確にしないままにその手法を用いていたことが指摘されている（國分，1980）。筆者の捉えでは，両者は共に前述の通り人間中心主義・人間学的視点（人間＝子どもたちを，かけがえのない唯一絶対の存在と捉える主義）に立つところでは共通している（松井・稲垣，2009）。しかし，その区別として臨床心理学は「個人あるいは集団の心理的不適応・不健康を予防したり，または不適応・不健康の状態からより適応的・健康的な状態を回復する目的で行われる実践ならびに理論研究を行う心理学の一分野」（下山，2012）であり，「人の異常心理や生活していく上で問題となる行動の原因を科学的に探究し，その成果を踏まえて問題の改善を目指す学問」（下山，2012）とされている。ちなみに，この引用文では出てこないものの，筆者は個人的に臨床心理学が生徒の悩みを“病理”，相談に来る生徒・保護者・教師を“クライアント（依頼者とも訳されるが，わが国では患者という捉えが強い）”と呼ぶところなどに違和感を有している。それに対してカウンセリング心理学は「心理学の一専門分野であり，人々が自分のウェルビーイング（身体的・精神的・社会的に良好な状態）を促進したり，人々の苦痛を軽減し，その危機を解決し問題解決や意思決定できるようになる能力を増進・援助する心理学」である（Ligon & McDaniel, 1970）。また，「カウンセリング心理学とは，人の行動変容や人間関係を良好な方向に変容させることを目的とした学問体系である」（國分，1980）という違いを有している。上述を整理すれば，当然両者には重なり合うところは出てくる。しかし，喜田（2006）が「心

理療法とカウンセリングは，寄って立つ理論背景が異なっている（中略）それ故，目指す到達点が異なる」と述べることを支持し，「教育カウンセリングは，はじめに国の目指す方向があり，子ども達をそちらに誘導しようとするような戦略的に見える」と述べることにも納得する。ただし同時に，筆者は今日の文科省が掲げる学校教育の向かう方向に基本路線としての反対論は有していないのである。

ここには当然，喜田（2006）が述べる「誰のためのカウンセリングか」という問いかけは出てくると思われる。それに対し筆者は，もちろん児童生徒またその保護者，教師また学校組織のためであると回答する。そして，「臨床心理学＝心理療法は癒しの領域を主たる守備範囲とし，教育カウンセリングは育てる領域を主たる守備範囲とする」（稲垣，2006）と応えたい。ただし，ジェルソーとフリッツ（Gelso & Fretz, 2001）が指摘するように，「臨床心理学と比べ，カウンセリング心理学の学問体系の確立は，日本をはじめ世界各国で大きく後れをとった」ことは事実であるとも捉えている。

6　児童生徒の問題行動と学校教育相談

(1)　今日における子どもたちの問題行動の特徴

わが国では，平成に入り"新しい荒れ"と称される児童生徒の問題行動が増加したといわれている（文科省，2005）。それは，1965年に"生徒指導の手引"が作成された当時以来の校内暴力や暴走族といった，いわば不良と呼称される生徒たちによるエネルギーを外に向けて集団で行う非行行為にかわり，「いわゆる"普通の子"のいきなり型」の問題行動が目立つようになってきたことを示している。具体的には，学校において突然に「キレる・暴れる」生徒の姿，いわゆる「衝動的突発型」と「凶悪性」が特徴であるとされている（文科省，2005）。筆者はこの見解に対して，一見いきなり型に見える問題行動にも，それに至る前段階としてのプロセスがあると考えている（稲垣，2011a）。そして

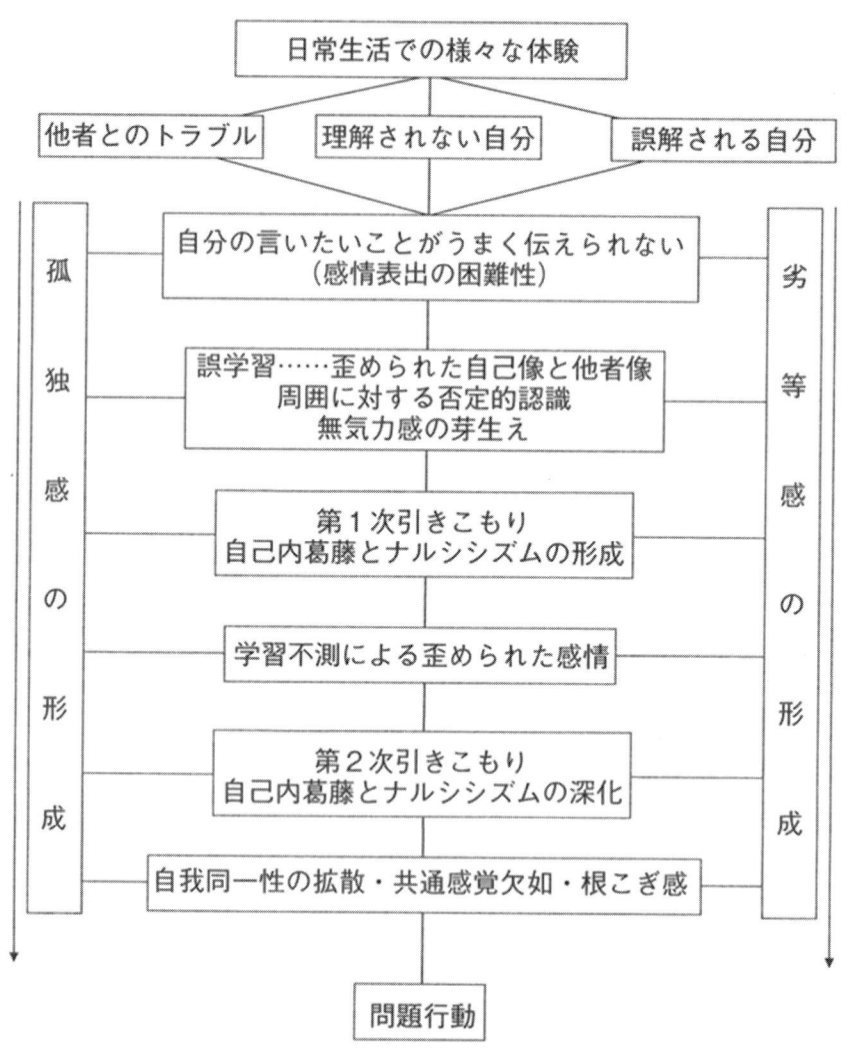

図1―2　問題行動発生の機序モデル（稲垣，2011b から転載）

　そのプロセスについて，これまでの臨床経験から構想した「問題行動発生の機序モデル」（稲垣，2011b）で説明が可能であると考えている（図1―2）。

　このモデルは，日常的に周囲から誤解されたり理解されない，良好な友人関

係形成への思いを抱きつつそれが上手くいかなかったり，周囲からいじめやからかいといったトラブルを経験する児童生徒が，一旦自分の殻に引きこもり自己及び周囲への否定的感情，孤独感と劣等感，学習された無力感を強めながら「自己（我）同一性の混乱また拡散（＝自分が何だか分からない→自分など，どうでもよいという刹那的な感情），共通感覚の欠如（＝他者と分かり合える能力，また分かり合おうとする気力を失うこと），根こぎ感（＝居場所のない感覚）」を悪循環させ大きくさせることが問題行動を引き起こす，というプロセスを示したものである。本質的にエネルギーを有する子どもたちは，来る日も来る日もその悪循環を外側に向けて募らせていく。そして，それがある日，周囲からは些細なこととして捉えられる誘因をきっかけに顕在化した問題行動として表出されるのだと思うのである。周囲からは，その行動が"いきなり"に映るのではないかということである。

　なお，文科省（2011a）はさらに"新しい荒れ"について，前述の具体例に加え「グループの影響を受けやすい」とも記している。すなわち，仲間関係の同調圧力（ピア・プレッシャー）に神経をすり減らす子どもたちの増加を指摘しているのである。提要作成の研究協力者でもあった前述の犬塚（2006）は，上述で掲げた"新しい荒れ"の一つとして「自己暴発する子ども」にも注目している。そして，その代表的な問題行動について「バーチャルな世界でしか通用しない手段を用いた，自傷他害行為」を例示している。

　他方，上述の問題を先取りしていた諸富（2006）は，わが国のいじめ問題の背景として子どもが一人でいることをよしとしない社会風潮（文化）があることを指摘し，同文献で「その証拠として我々は，親戚や近所の子どもが進学また進級すると，まずはじめに"お友達は出来た？"と聞きたがる」ことを掲げている。そして，「子ども達は，友達がいないことも辛いが，"あいつは，仲間がいない奴なのだ"と言われることがさらに辛い。そのために，いじめられ金品を奪われても，パシリ（使いっぱしりの意；筆者注）に使われても，そのグループから離れない。そのストレスが問題行動として表出する。（中略）仲間はそれほど必要か。仲間はいるに越したことはないが，俗にいうその仲間が

君を脅かす存在であるならば，そのような仲間はいない方が良い」と読者に呼びかける。さらに，「今の子ども達に必要なのは，独りでいても良いことを認めること。子ども達自身にとっては，"孤独力"である」と提唱するのである。

(2) スクールカウンセラーに求められる資質・能力

前項で述べてきた"新しい荒れ"が注目されるきっかけとして，一連の"オウム真理教事件"や神戸市で生じた自称"酒鬼薔薇聖斗（さかきばらせいと）"の起こした少年 A 事件（1997）などがある。オウム事件で逮捕された元信者の高橋（1996）は，オウム入信前の自身について「学校（大学）では真面目なふりをして，友達の前では社交的に振る舞っていた。また自宅に帰れば，両親にありもしない学校での楽しかった話をでっち上げて語っていた。（中略）会う人・会う人に応じて自分の仮面をとっかえひっかえして，本当の自分の顔が分からなくなっていた。（中略）つまり，僕は僕である必要がなかった」と書いている。後者で掲げた少年 A は，警察での事情聴取の際に，「透明な存在としての自分」という言葉を使用したことが大きく報道された。

これらの問題については，筆者自身もこれまで SC として非常勤で勤務してきた小・中・高校の教育相談室で，出会う生徒たちに感情表出の乏しさや他者に対する感謝と思いやり，また素直な自分を表現する能力の希薄さやグループコンセンサス能力の希弱さ＝文科省（2011a）に依拠した文言でいえば「自己表現力とコミュニケーション力」の弱さ，そして自立と自律の力の弱さとして感じてきた。

児童生徒に寄り添い（沿い）また対峙する SC には，ロジャーズが提唱した来談者中心主義的カウンセリング以来のカウンセラー必須の態度要件とされる受容・共感・自己一致や中立性を保つこと，クライアントの鏡になることだけでは済まされないと考える。つまり，教育カウンセリングがその特徴として掲げる「①教育（発達）モデルの採用，②ガイダンス機能の活用，③集団活動の重視」を踏まえたスクールカウンセリングの必要性を痛感するのである。生徒

の悩みや問題を一気に解決できる魔法の薬などはないのであろう。学校教育活動を担う教師の"普段の関わり"と，教師自身の哲学こそが大切なのだろうと思うのである。今日のSCは，週に1日の非常勤体制が主となっている。そうであるならば，SCには普段児童生徒と時間を共にする教師の相談役というウエイトが大きくなるのではないかと思われる。その際，SCが公教育を担う学校現場の風土やシステムを実感として理解しておくことは重要である。

7　おわりに ── スクールカウンセリングの動向と課題 ──

　SCは，大きくいえば生徒の生き方・あり方，換言すれば彼らの成長・発達の方向性と進展に関わっていくことになる。生徒の発達を促す具体的視点として，世界保健機構（WHO, 1997）は以前より，①意思決定と問題解決力，②創造的・批判的思考力，③コミュニケーション力，④対人関係力，⑤自己理解力，⑥共感力，⑦情動抑制力，⑧ストレス対処力，を指摘している。

　それを前提にした時筆者は，上地（2005）が提唱する「教師カウンセラー」，國分（2001）が提唱する「教育カウンセラー」の意義と活用に関する見解を支持している。教育カウンセラーの有資格者のほとんどは現職教員である。上地（2007）は，「優れた教師は有能なカウンセラーの資質能力を有し，また，優れたカウンセラーは有能な教師の資質能力を有する」と指摘した上で，「これからの教師は，教科指導のみにとどまらず，従前以上に子ども達の"心の教育"と"生きる力"を育む」こと，「学校で児童生徒と日常的に生活を共にするため，その日常性の中で日々の全校生徒の動向把握が可能で，問題の早期発見と早期対応が可能，生徒にとっても親しみを持ちやすい教師カウンセラーの養成が求められる」と述べている。

　わが国では，公認心理師法案が2015年9月9日に成立（同年9月16日に公布）した。また，本稿ですでに"協議会"と記してきたカウンセリング関係の9団体（学会・協会・機構）からなる，スクールカウンセリング推進協議会が2009年5月に設立されている。その協議会のビリーフは，「スクールカウンセ

ラーの業務は子ども達の直面する発達課題を解決し，彼らの成長を支援すること」であるとの共通理解で結ばれている。そして，2011年10月16日（日）に「これまでの "治す" 志向のカウンセリングから（学校教育の目的・趣旨に即した）"育てる" 志向のカウンセリング」を発展させようとの共同宣言を行っている。

　ちなみに，本章でここまで述べてきたスクールカウンセリングシステムは，富山県ですでに平成14年度から，県教育委員会独自の事業である "カウンセリング指導員" 制度の名称で定着している。この分掌にあたる教師は，県また市が主催する初級・中級・上級のカウンセリング講座をすべて受講している，もしくは大学院で学校教育相談・カウンセリングを専攻し修士の学位を有する教員などである。通常の授業や公務分掌をもたずに，カウンセリングベーストの生徒指導・教育相談（カウンセリング）の普及・啓蒙，校内や当該の中学校区で小学校も含む教育相談や生徒指導に関する研修会の企画・運営などを担っている。ただし，その学校の教諭であることから，職員会議および種々のミーティングに出席し他の教師との共通理解や連携を図っている。また，コーディネーター役や事例検討会におけるコンサルテーションを担ってもいる。平成29年度は，SCとは別に全県の中学校35校に配置されている。筆者はこの取り組みを支持し，前任校である富山大学在籍中から現在まで，この事業に携わっている。

　この取り組みにより，SCの委託事業開始時から筆者が指摘してきた「学校が重視する共通理解と臨床心理学で重視される守秘義務」の問題が一気に解消されると感じている。筆者の感覚では，この思考は医療領域で常識になっている "チーム内守秘義務" の考えと共通している。

　筆者が本稿で述べてきたことは，学校で行われるカウンセリングは病院臨床で行われる "それ"（心理臨床）とは異なる側面を多分にもつということである。筆者には，従前からのカウンセリングといわれるものが，"治そうとするな，教えようとするな。解ろうとせよ" と謳っていたことに対し，教育カウンセリングが掲げる "直して下さい。教えて下さい。ただし，解ろうとしなが

ら"のビリーフの方が学校にはフイットするように思われる。ダメなものはダメと直していかないと，その生徒は社会からつまはじきにされ孤立し社会適応できなくなってしまうのではないだろうか。分からないことは教えていかないと，やはり生徒は社会適応できなくなってしまうのではないだろうか。すなわち，学校教育が成り立たなくなってしまうと思うのである。ただし，上述のことを行うにあたり生徒の心理状態や彼らの言動の背後にある"何か"を解ろうとしながらの関わりは重要である。また，生徒の主体的・自主的な自己指導能力を最大限尊重しつつである。生徒指導でも，その始まりは生徒理解にあると言われることと同義であろうと思われる。

［文　献］

新井肇（2005）定時制高校における教師カウンセラー．上地安昭編著　教師カウンセラー——教育に活かすカウンセリングの理論と実践——．金子書房．182-196

Campbell, C. A. & Dahir, C. A. (1997) *The national standards for school counseling programs*. Alexandria, VA：American School Counselor Association.〔中野良顯訳（2000）スクールカウンセリングスタンダード．図書文化社〕

Gelso, C. J & Fretz, B. R. (2001) Counseling Psychology (2nd.) Belmont, CA：Thomson Wadsorth〔清水里美訳（2007）カウンセリング心理学．ブレーン出版〕

林民和・大日方重利（1999）教員研修会の問題点と提言．國分康孝編　学校カウンセリング．日本評論社，133-140

稲垣応顕（2004）第1章　生徒指導の意義と概念．稲垣応顕・犬塚文雄編著　わかりやすい生徒指導論　改訂版．文化書房博文社，9-26

稲垣応顕（2006）第1章　教育カウンセリングの理論と実際．稲垣応顕・喜田裕子　教育カウンセリングと臨床心理学の対話．文化書房博文社．7-96

稲垣応顕（2009）「いじめ」の予防・発見・対応のために教師が出来ること．中野明徳編　DVD で見る教育相談の実際．44-51

稲垣応顕（2011a）第5章　生徒指導と教科教育．犬塚文雄監修　稲垣応顕編著　生徒指導論——真心と優しさと——．文化書房博文社，91-112

稲垣応顕（2011b）生徒指導・教育相談の視点からの学校づくり．稲垣応顕・黒羽正見・堀井啓幸・松井理納　学際型現代学校教育概論——子どもと教師が共鳴する学校づくり——．金子書房，28-53

稲垣応顕（2013）学校教育相談（教育カウンセリング）における理論背景とビリー

フ．上越教育大学研究紀要，32，35-43

稲垣応顕（2017）いじめ問題の発生機序と予防・対応の検討．稲垣応顕・林泰成・高橋知己・山田智之　著　いじめを生まない学級づくりにおける教師の指導行動に関する学際的研究――予防と対応に着目して――．平成27・28年度　上越教育大学研究プロジェクト報告書，上越教育大学道徳・生徒指導コース，1-15

犬塚文雄（2000）教育課程における教育内容・方法の開発研究――生徒指導の理論と方法――．平成10・11年度文部省委嘱開発研究事業報告書

犬塚文雄（2006）社会性と個性を育てる毎日の生徒指導．図書文化

伊東博（1995）カウンセリング [第 4 版]．誠信書房

Dewey, J.（1899）／宮原誠一訳（1957）学校と社会．岩波文庫

加勇田修士（1996）高校現場の専任スクールカウンセラーに対する教師と臨床心理士の期待の一致度に関する実証的研究．筑波大学大学院修士課程教育研究科カウンセリング専攻修士論文

河村茂雄（2003）学校経営とスクールカウンセラー．学校教育研究所年報．*47*，38-47

喜田裕子（2006）臨床心理学の理論と実際．稲垣応顕・喜田裕子　教育カウンセリングと臨床心理学の対話．文化書房博文社．97-200

國分康孝（1980）カウンセリングの理論．誠信書房

國分康孝（2001）学校カウンセリング．日本評論社

國分康孝（2009）教育カウンセリング概説――子どもたちの発達課題を解決し成長を援助する――．図書文化

国立教育政策研究所（2015）3.（4）求められる資質・能力の枠組み試案．https://www.nier.go.jp/05_kenkyu_seika/pf_pdf/20130627_4.pdf

黒羽正見（2011）学校組織文化の視点からの学校づくり．稲垣応顕・黒羽正見・堀井啓幸・松井理納　学際型現代学校教育概論――子どもと教師が共鳴する学校づくり――．金子書房，84-112

Ligon, M. G. & McDaniel, S. W.（1970）The teacher's role in counseling. Englewood Cliffs, NJ：Prentice-Hall. Inc.

前田由紀子（1998）スクールカウンセラーの立場から．氏原寛・村山正治編　今なぜスクールカウンセラーなのか．日本評論社，22-44

松井理納・稲垣応顕（2009）集団を育むピア・サポート――教育カウンセリングからの提案――．文化書房博文社

諸富祥彦（2006）「孤独」のちから．海竜社

文部科学省（2005）2. 教員をめぐる現状．http://www.mext.go.jp/b_menu/shingi/chukyo /chukyo3/siryo/attach/1346377.htm

文部科学省（2008）学習指導要領総則．国立中央印刷局

文部科学省（2011a）生徒指導提要．国立中央印刷局

文部科学省（2011b）スクールカウンセラー等活用事業実施要領（2011年3月改正）．

文部科学省（2016）我が国の文教施策．国立中央印刷局

文部科学省（2018）平成28年度「児童生徒の問題行動・不登校等生徒指導上の諸問題に関する調査」（確定値）について．

Rogers. C（1961）"This is me." In On Becoming a parson.　Boston, MA：Houghton Mifflin Company

下山晴彦（2012）面白いほどよく分かる臨床心理学．西東社

スクールカウンセリング推進協議会（2011）ガイダンスカウンセラー入門．図書文化

高橋英利（1996）オウムからの帰還．草思社

上地安昭（2005）教師カウンセラー――教育に活かすカウンセリングの理論と実践――．金子書房

上地安昭（2007）教育の核心として「命の大切さ」の実感を育む．兵庫県立心の教育総合センター．

WHO編（1997）／JKBK研究会　訳（1997）WHOライフスキル教育プログラム．大修館書店

財務省主計局（2005）スクールカウンセラー活用事業（教員研修事業費等補助金）『予算執行調査資料』

第2章

スクールカウンセラーの活動は教育なのだろうか

——心のケアと教育のあいだ——

坂井　祐円

1　スクールカウンセラーは，学校に来る

　スクールカウンセラーは，学校に来る。週に1回。いや，月に数回程度。

　学校にいる，のではない。学校に来る，のである。

　スクールカウンセラーからすれば，学校に訪問する，という感覚だ。

　スクールカウンセラーは，学校の外からの来訪者であり，平たく言えば，お客さんである。

　学校というのは，一定の秩序や理念のもとで動いている組織であり，一つのコミュニティである。来訪者であり，お客さんであるということは，学校のコミュニティの中には属していないことになる。

　では，そんなスクールカウンセラーが，学校にやって来て，一体何をするのだろうか。

　答えは実にシンプル。カウンセラーなのだから，カウンセリングをするのである。カウンセリングをするために学校に来るのだ。

　これは，学校の用語でいえば，「教育相談」が一番近いだろう。

　教育相談なら学校の先生だってときどきやっている。生徒だけでなく保護者からの相談にもきちんと乗っている。そういう役割を，わざわざお客さんに肩代わりしてもらわなくてもよいのではなかろうか。

　とはいえ，スクールカウンセラーというのは，専門家である。何の専門家か

といえば，「心」の専門家である。

　心の専門家に相談に乗ってもらう。心の専門家からカウンセリングを受ける。これはさぞかしすごいことのように聞こえる。そんな特別なことが，学校の中でなぜ行われるのだろう。

　でも，何のことはない。学校生活での悩みや困りごとを聞いてもらうのである。カウンセリングというのは，悩みや困りごとを語る場であり，聞く場である。そこで行われているやり取りは，わりとアナログな感じだ。

　そもそも人の話を聞くことぐらいなら，誰でもやっている。聞こうという気持ちさえあれば，誰でもできることだ[1]。

　先生だって学校の中でやっているし，誰でもやろうと思えばできること。それが心の専門家，スクールカウンセラーの仕事である。

　では，そんなスクールカウンセラーが学校にやって来ることに，果たしてどんな意味があるのだろうか。

　もう少し実際的に問うならば，スクールカウンセラーのもつ専門性，「心」の扱い方というのは，学校で行われている教育のあり方とは違うのだろうか。

　スクールカウンセラーは，カウンセリングを通して「心のケア」を行っている。心のケアという言葉は，学校教育の中ではあまり大っぴらに語られるものではない。だいたいは，災害や事故のような非常事態が起きたときに，その必要性が叫ばれる，といった感じだ。

　平常時の学校コミュニティにおいて心のケアが必要とされるのは，いわゆる“不適応”の児童生徒たちである。人とうまく関われない，集団の中で生活するのが難しい，いじめを受けている，学習に大幅な遅れが生じている，家庭内の不和に悩まされている，心身症状が出ている，発達の問題を抱えている，などといった理由から学校生活をスムースに送ることができていない子どもたちだ。

　彼ら，彼女らは，個人レベルでは，心の非常事態の中にいる。中には，命に関わるほどに追い詰められた状況の子どもだっている。

　こういう子どもたちには，何かを教えるとか，指導するといった，通常の学校教育が行っているようなやり方では，どうもうまくいかない。かえって傷つけてしまうかもしれない。

　心のケアは，教える，指導する，といった学校教育の中で教師が行っている関わり方とは，一見すると，対極的である。学校コミュニティからすると，異質なものであり，特殊なものに見える。

　確かに「ケアする」というあり方は，「教える」というあり方とは異なっている。しかし，この二つのあり方は，決して相反するわけではない。むしろ，両者が出会うことで，味わい深い変化が起こる。たとえるならば，「ケアする」は，「教える」という風味をよりいっそうまろやかにし，旨みを引き立てる，調味料のようなものだ。

　スクールカウンセラーというのは，学校教育の現場に，異質で特殊な価値観を外から持ち込んでくる来訪者にはちがいない。だが，そのことによって，実は「教育とは何なのか」という問いを，静かにそれとなく学校に投げかけている。さらに突っ込んで言えば，「人間とはどうあるべきなのだろう」といった，教育の根底にある人間観についても，ふと問いかけているのだ。

　なぜなら，スクールカウンセラーが向き合っているのが，人間の「心」だからである。それはつまり，心を癒すとか，心をリフレッシュするといった一般的な心のケアの範疇にとどまらず，その営み自体が「心を育てる」という教育の本質に深く関わっているからである。

2　教育の死

「デス・エデュケーション」という言葉を聞いたことがあるだろうか。

　直訳すれば，「死の教育」。つまりは，「死」を教えること。

　スクールカウンセラーは，カウンセリングを通して，「死」を教えている。

　そんなふうに言ったとしたら，驚かれるだろうか。

　突然，何を言い出すのか，といぶかしく思われたかもしれない。しかし，ス

クールカウンセラーは，想像以上に「死」と接している。「死」を深く感じ取っている。だから，スクールカウンセラーの活動を，一言で表すならば，「死の教育」という表現がぴったりくるのである。

　例えば，自分の殻に閉じこもった子どもがいる。

　人と関わりたくない。傷つきたくない。とにかく一人にしておいてほしい。そのうちに生きるエネルギーも萎え果てて，やりたいこともなくなっていく。何をしてもつまらない。むなしい。生きていても仕方がない。何のために生きているの……。

　「このまま放っておくと，この子は死んでしまうかも……。」

　ふとよぎる危機感。誰かがこの子に寄り添ってあげなければ，命が危ない。

　そんなとき，この子に関わることのできる大人は，ひとまず勉強を教えてあげよう，などとは決して考えない。学校の授業で行われている知識や技能の伝達が，今のこの子にとって意味がないことは，誰の目にも明らかだ。

　とはいえ，はっきり言って，どうしたらよいのか迷う。この子にどんなはたらきかけをすれば，心を開いてくれるのだろうか。

　時間がかかるかもしれない。失敗するかもしれない。ともかく，この子の傍らにいて，見守りつつゆっくりと近づいてみるほかない。

　作為も計画も意図もあったものではない。この子の閉じた心をこじ開ける，魔法のようなテクニックなんて，ありません。

　あくまで慎重に，この子の気持ちを想像しながら。

　この子とつながりたい，という願いにひたむきになりながら。

　こうした関わりを何と呼べばよいのだろう。これは教育なのだろうか。もはや教育とも呼べないとすれば，それは何なのか。

　それは，「いのちのはたらきかけ」，あるいは，「魂のふれあい」とでも言ったほうがふさわしいのではないだろうか。

　迷いながら，畏れながら，そのままむき出しのアプローチ。

　その子のいのちに，あるいは，魂にふれようとする試み。

　教育が「死」と正面から向き合おうとすると，どうやらとんでもない次元に引きずり出されてしまうようだ。そこでは，通常の教育が成り立たない。教えるとか，指導することが，まったく意味をなさない。

　言うなれば，教育の死 [2]。

　デス・エデュケーションは，死の教育であると同時に，教育の死なのである。

　先に，スクールカウンセラーは「死」を教えている，と書いた。厳密にいうならば，教えているのはスクールカウンセラーではない。何人たりとも「死」を教えることなどできない。そこでは，スクールカウンセラーもまた，「死」を教わっている一人にすぎない。それはまた，たとえ死に直面している子どもであっても同じことである。

　なぜなら，「死」を教えているのは，「死」それ自体だからである。

　人は，「死」に接してしまうと，理性や感情や欲求といった日常的な感覚にとどまることができなくなる。さらに「死」を突き詰めていくと，心のもっと深いところ，いのちとか，魂などと呼ばれるような領域に開かれてくる。

　心は，「死」を刻みこむことによって，いのちや魂にふれる。そして，そのことによって，心は，ゆっくりと成長の歩みを始め，豊かな人間性を育んでいく。「心のケア」というのは，実はそのような営みなのである。

　それにしても，そもそも「死」とは何なのだろうか [3]。

　私たちは普通，生物としての個体の活動が停止することを，"死"と呼ぶ。いわゆる肉体の"死"である。ところが，私たちは，この死という現象を，ありのままに経験するのではなく，いつでもイマジネーションの中で捉えている。（つまり，イマジネーションの内にはたらく「死」と，肉体の"死"とは，区別して考える必要がある。ただし，どちらも死の現実には違いない。）

　自分が死ぬことを考えるとき，人は不安や恐怖を抱き，自暴自棄になり，むなしさを覚える。親しい人，愛する人の死に立ち会ったとき，人は悲しみや悼みに嗚咽し，慟哭し，寂しさに苛まれる。

　これらは直接的な死の経験ではなく，あくまでも死のイメージである。死のイメージを通して，私たちは強い衝撃を受け，心が激しく揺り動かされるのである。

　中には，瀕死の状態とか，今にも死んでしまうかもしれない，といった経験をした人もいるかもしれない。苦しくて，つらくて，痛みに耐えられず，思わず「助けて！」と叫びたくなる。そんな極度の緊張が全身をかきむしる経験を思い出すかもしれない。

　とはいえ，これもまた，死そのものの経験ではない。死に至るプロセスの一端を経験したのかもしれないが，死ではない。過ぎ去ってみれば，やはり死のイメージである。

　死は決して経験できない。しかしながら，私たちは，死のイメージに圧倒される中で，はからずも「死」と交わってしまう。こちらが望んでもいないのに，いつの間にか，足元から這い出てきて，気がついたときには，すでに浸食されている。

　「死」は，私を奈落の底へと引きずりこむ。「死」に誘引されると，今までの私は，私ではなくなってしまう。私を見失い，彷徨して，あらぬところへと拡散していく。「死」には，そういうはたらきが含まれている。

　したがって，「死」とは，さしあたり，「自己を否定する引力」とでもいうことができるかもしれない。

　たとえば，リストカットを繰り返す女子生徒がいる[4]。

　彼女は，周囲からの期待に，ともかく一生懸命に応えようとしてきた。大人たちは，彼女のことを「よい子」，「まじめな子」，「優しい子」と言ってほめそやす。友達の前では，いつも元気にふるまっている。だが，それは，自分を押し殺し，周りに合わせてキャラをつくっているにすぎない。

　あるとき，そんな自分に，ふと「疲れた」と感じてしまった。

　きっかけはほんの些細なことだった。でも，そこで，自分なんて要らないんじゃないか，いてもいなくてもどうでもいい存在なんじゃないか，そんな思い

が去来して，静かに心が冷めていった。

　彼女がリストカットを始めたのは，そんなときである。気がつくと，もう腕に傷をつけていた。薄暗い部屋の中でうずくまり，さめざめと泣きながら。

　痛みはほとんど感じない。リストカットすることで，かえって気持ちが落ち着いてくる。イライラした焦りのような衝動が鎮まっていって，何とも言いようのないまどろみの中に入っていく。それがとても心地いい。

　「別に死にたいわけじゃないんです。ただ，傷口から血がゆっくりと流れるのを見ていると，自分が生きている確かな実感が湧いてくるっていうか……。生きていてもいいんだよ，って励まされているような感じがして……。」

　そんなふうに彼女は語った。

　大人たちは傷痕を見つけると，とても動揺し，すぐに止めなさい，もっと自分を大事にしなさい，と説教する。けれども，彼女からすれば，自分の行為の何がいけないのか分からない。むしろ大人たちが自分の気持ちを分かってくれないことに失望し，ますますリストカットにのめり込んでいく。

　リストカットをくり返す行為。それはまさしく「死」に引きずり込まれていく経験を象徴している。肉体的には死んでいないとしても，彼女の心は死のイメージに覆い尽くされている。

　私たちの心は，「死」の力がはたらくと，自分を見失い，自己否定の波にさらわれ，悩みや苦しみや不安や痛みの底へと沈み込んでいく。やがて，心と体のバランスを崩し，目に見える形で様々な心身症状が表れてくる。

　とはいえ，心のケアは，そうした問題行動や心身症状といった，目に見える現象にはたらきかけるわけではない。そうではなく，心の深層でうごめいている，目に見えない「死」のはたらきに向き合おうとする。

　「死」に焦点化していくと，逆説的ではあるが，それが「生」へとひっくり返る瞬間を目の当たりにすることになる。

　この女子生徒の語りの中で注目したいのは，リストカットを通して「自分が生きている確かな実感が湧いてくる」という感覚である。

　念のため誤解のないように断っておくが，リストカットは問題行動には違いないし，一歩誤れば命の危険にさらされかねない。大人たちがこれを止めるように説得するのは至極もっともな話である。だから，リストカットを放置しても構わない，ということでは決してない。

　ただ，ここで考えたいのは，彼女の心の深層に分け入ることで見えてくる，リストカットという行為の意味である。

　要するに，彼女にとってリストカットとは，自己を肯定し，生の息吹を回復するための契機にもなっているのである。もちろん，これは一種の恍惚感であり，麻薬にも近い依存性を伴う危険な感覚であろう。しかし，にもかかわらず，驚かされるのは，彼女が「死」に飲み込まれながらも，その渦中に「生」をつかみ取ろうとする，いのちの放つ一滴の煌めきである。

　この女子生徒は，カウンセリングを通して，心のケアを重ねていくことで，やがてリストカットの依存から自発的に離れていき，新たな人間関係を構築していくようになっていった。結果的にみると，リストカットという行為は，彼女が成長するための必要悪のようなものだったと言えるだろう。このことは，リストカットに限らず，悩みや苦しみ自体がもつ一つの構造でもある。

　深層心理学では，こうした心の逆転劇を指して，「死と再生」[5]と呼ぶ。

　人は，「死」を経験することによって，再び「生」を取り戻す。不思議な話である。心の神秘といっていい。「死と再生」とは，つまりは，「生まれ変わり」である。心は，生まれ変わりを繰り返すことによって，成長し，成熟していく。そんな物語が，私たちの心の内奥には綴られているのだ。

3　「教える」と「育てる」

　スクールカウンセラーは，学校教育の現場で活動してはいるが，教師とは立場が異なっている。スクールカウンセラーは，何かを教えるわけではない。また，指導するわけでもない。

　教師は何らかの教科や授業を担当している。教えるということが，教師の仕

事である。先生というのは教える人のことだ，という漠然とした感覚が私たちにはしみついている。それから，教師は指導する人でもある。先生は，良いか悪いかの判断をきちんと指し示して，正しい方向へと導いてくれる。

だから，私たちは，およそ教育とは，知識や技能を教えることであり，行いや考え方の良し悪しを指導することだ，と素朴に考えている。

一方，スクールカウンセラーは，児童生徒や保護者の悩みや困りごとを聞くことを主な仕事としている。教える，指導する，とはどこか違っている。

そうだとすると，スクールカウンセラーの活動は，果たして教育なのだろうか。一応，頭に“スクール（＝学校）”とついているのだから，おそらく教育と関わりはあるのだろう。しかし，教えたり，指導したりはしない。すると，やはり教育とは違うのだろうか。

そもそも教育とは何なのだろうか。教えたり指導したりすることだ，と何となく思っているが，本当にそうだろうか。もっと柔軟に，あるいは，もっと違った角度から，考えることもできるのではないだろうか。

教育は，「教える」と「育てる」という二つの語句から成り立っている。

私たちは，教育というと，「教える」というあり方にばかり目が行きがちである。しかし，いったん「育てる」というあり方に重心を置いてみると，そこにはまた，別の世界が広がっているのかもしれない。

手始めに，子育てのごく初期の情景を想像してみよう。赤ん坊が泣いているので母親が近づき，抱っこし，なだめすかして，落ち着かせる。赤ん坊が泣きやみ微笑みだすと，母親もホッとして，うれしくなる。

こうした営みに，「育てる」という表現を与えることはできても，「教える」という表現を与えることには違和感を覚えることだろう。子育ての原初段階では，まだ「育てる」が「教える」と結びついてはいない。

けれども，幼児期から学童期へと移行するにしたがって，子どもは様々なことを大人から教えられる。生活習慣の作法から，集団生活でのコミュニケーションのあり方，遊戯や体操の練習，言葉づかいや文字の習得など，その内容

は多岐にわたる。この段階までくると，教育という言葉にようやく輪郭が帯びてくる。子どもは大人から教わりながら人間として育っていく。ここでは，「育てる」が「教える」と結びつくとともに，教えることを通して育てることが自然な形で成り立っている。

　けれども，就学期を迎えて学校制度の中に本格的に入っていくと，教師と生徒の関係を中心として，高度な知識や技能，集団の規範や秩序を教えることの比重が大きくなり，育てることは目立たなくなる。「教える」が，いつの間にか，「育てる」を凌駕してしまうのである。ここでは，子どもたちに，人間形成としての心の成長を期待するよりも，社会的な環境にともかく適応するためのノウハウを教え込んでいるようにすら見える。

　ところで，こうした展開が起こるのも，そもそも「教える」と「育てる」が，近いようで，実際にはかなり性質の異なった営みだからではなかろうか。

　まず，「教える」というのは，教える側と教えられる側の区別がはっきりしているが，「育てる」というのは，育てる側と育てられる側の区別がそれほど明確とはいえない。

　また，「教える」というのは，教える側から教えられる側への一方向的なはたらきかけであるが，「育てる」というのは，育てている側が，育てられる側と関わることで，かえってどちらも育てられているといった感覚が呼び起こされ，双方向的で，相互に浸透的なはたらきが生じている。

　「教える」には，意図的で能動的，あるいは作為的で操作的なはたらきかけ，といったイメージがつきまとう。一方で，「育てる」には，こちらの意図を超えて，いつのまにか，自然のままに，おのずから開かれてくる，といったニュアンスがある。「育」の字が，「育つ」という自動詞にもなり得ることを考えると，このことが一層はっきりしてくる。

　したがって，この二つの語句が結びつくということは，教育という営みが，実は根本矛盾を内含した営みであることを示唆している。

　ちなみに，教育という言葉は，英語の education の翻訳語であるが，語源であるラテン語には，「外に連れ出す」とか，「子どもを導き出す」といった意味

がある。明治の初めにこの英語を翻訳する際に，「発育」という訳語を当てようとした逸話が残っている[6]。今日よく耳にする「子どもの内発的な能力や可能性を引き出す」という解釈は，そうした経緯が元になっているようだ。

　内発的な能力や可能性を引き出すというのは，やはり育てることに通じているといえる。教えることはそのための方法の一つにすぎない。つまり，教育＝education とは，本質的に育てることを目的とする営みであり，教えることは，補助的で副次的な手段なのである。

　このように，教育という言葉を「育てる」という視点から考えていくと，「教える」とはだいぶ違った印象になることが分かるだろう。

　教育の本質が「育てる」にあるのだとすれば，この概念には「ケアする」という意味がすでに含まれていることになる。

　英語の care には，大きく二つの意味がある。一つは，「気づかう」「配慮する」「注意を向ける」であり，もう一つは，「世話をする」「援助する」「手入れをする」である。日本語になったケアという言葉は，ほとんどが後者の意味で使われている。今日，看護や介護がケアの代名詞のように扱われるのも，ここに起因している。

　「育てる」と「ケアする」という二つの営みが密接に深く重なり合っていることは，もはやいうまでもない。

　一方で，「教える」と「ケアする」という二つの営みも，遠くにあるように見えて，案外近い関係にあるのかもしれない。要は，教える側の心構え，精神的な態度の問題ではないだろうか。教える側が，常に相手に注意を向け，意識を傾けながら関わろうとする姿勢に立つならば，教えることは，ケアすることの一つの表れともなるであろう[7]。

　教えることが，たとえ作為的で操作的であったとしても，その底に相手を思いやる気持ち，相手の立場を尊重する気持ちが流れているのであれば，そこから教える側の意図を超えた子どもたちの心の変容が感じ取れるはずである。

　教育に関わることの喜びは，そうした意外性や驚きの中にこそ見出されるも

のであろう。教える側の思い描いている通りに事が運ぶことが教育だと考えているうちは，かえって子どもたちに負荷をかけ，その成長を歪めてしまうことにもなりかねない。

このように見ていくと，教育とは，実のところ，「教える」と「育てる」という根本矛盾するあわいを，「ケアする」という機転（調味料）を介在させることで，まろやかに融和させていく営みである，とも言えそうである。

心のケアを標榜するスクールカウンセラーの活動の意義は，そんなところにあるのではなかろうか。その意味で，この活動もまた，まぎれもなく教育の営みなのである。

4　いのちの本質

日本の教育学者に，大田堯という人がいる。2011年に，彼の半生や活動を描いたドキュメンタリー映画『かすかな光へ』が公開された[8]。東日本大震災と福島の原発事故の衝撃が日本中を覆い尽くし混迷していたこの時期に，大田は，自然の摂理に沿った生命そのものの絆，いのちといのちの響き合いにこそ教育の原点があると，高らかに謳った。

大田のまなざしは，教育現場から突き付けられるあらゆる問題に向けられてきた。「学力とは何か」「人間が発達するとはどういうことか」「教育はだれのものか」「なぜ学校に行くのか」等々。こうした問いかけに，大田は，真摯に正面からぶつかり，徹底して考え抜き，可能なかぎり答えてきた[9]。

その教育観の根底に流れているのは，一人ひとりの人間をいのちの表れとして見る姿勢である。子どもたちは，植物が太陽の光を求めて自ら伸びていくように，それぞれのペースで，自分のあるべき住み処に向かって，学びを深めながら歩んでいく。教育の本質とは，そうした生命のもつ自然な成長を助けることにある。

美辞麗句を並べ立てているように聞こえるかもしれない。しかし，大田は，生理的，直感的な感性から，本気でそのように考えている。

　例えば，1960年代半ば，新聞の社会面に載っていた何気ない記事の内容。マツムシを，暖かい温泉で孵化させ，その後に冷房の中で育てると，秋に鳴くのと同じように，盛夏のうちに鳴かせることができる。夏の温泉地では物珍しく客寄せの話題作りになるとのことで，マツムシの促成飼育が行われている。この記事を読み，大田は「戦慄をおぼえた」という [10]。

　「生きものが熟していく時間」は，自然の摂理である。それを人為によって勝手にいじりまわすことは，やがて生態系に破綻をきたし，人類という種の持続そのものが危うくなる。いや，その危機はもう目の前まで迫っている。

　これは環境問題の話にとどまらない。教育の問題なのだ。「種の持続としての教育」こそ，人類にとっての喫緊の課題である。

　「生命は，ゆっくり，時間をかけて，熟していく。自然はすべて，手堅く，順を踏んで，実っていく。」 [11]

　そうした「時の流れ」を，能力主義や効率主義によって無残にも破壊していく教育。役に立つ人材の育成に逸るあまり，マツムシばりの人間飼育，自然の摂理を蔑ろにした教育が，経済優先の産業論理のもとで無邪気に行われていることへの恐れにも近い危機意識。

　100歳に近づかんとする老齢の教育学者が，噛んで含めるように語る現代の教育に対する警告を，古びたロマンティズム，現実感の乏しい理想主義だと評するのは簡単である。しかし，私たちには，こうした危機意識を一笑して片づけることが本当にできるのだろうか。

　学校で行われるカウンセリングもまた，生命が熟していく時の流れに沿っている。いや，そうであってほしい。そうあるべきだと思う。

　カウンセリングは，人の心を扱う。心こそ，いのちの表れ，いのちそのもののはたらき，なのではなかろうか。カウンセリングは心のケアと言われるが，厳密には「いのちのケア」と呼ぶべきなのだ。

　ならば，そのいのちとか，生命というのは，一体どのようなものなのか。

　学校では，いのちの大切さや生命の尊重ということが盛んに語られている。

そうした語りは，何も生物としての個体の活動に限定しているわけではないだろう。いのちや生命の意味はもっと広くて深い。そこでは，子どもたち一人ひとりの人生，個々の人間のそれぞれの生き方が問題になっている。

　一人ひとりの存在を生かしめ，それぞれの人生を生み出しているはたらき。それがいのちであり，生命の本懐である。

　抽象的で分かりにくいかもしれない。一つの事例を通して考えてみよう。

　例えば，近年の学校現場で頻繁に耳にする言葉の一つに，「発達障害」[12]というのがある。概念定義からすれば，これは，定型発達から逸脱している状態，慢性化した発達不全の状態を指している。

　その範囲は，学習，認知，身体感覚，自律性，共感性，感情コントロール，社会的コミュニケーションなど発育の全般に関係しており，特性に応じていくつかに（主には，LD・ADHD・ASDの3種に）分類されている。

　ただし，その原因は，脳神経機能，遺伝，器質に問題があるとか，妊娠中の向精神薬や乳児期の虐待に由来するなど様々にいわれているが，明確に特定できているわけではない。また，発現する時期や仕方も各人それぞれであり，環境の変化や人間関係などによっても大きく影響を受ける。

　そのため，発達障害は，実態が見えにくく，どうも言葉だけが一人歩きしているように感じられる場合も少なくない。ただ，確かに，発達の問題を抱えている（と考えられる）子どもたちは，"生きづらさ"を感じながら生きている。それは周囲の大人たちが想像する以上のものである。

　その生徒もまた，医療機関を通じて発達障害と診断されていた。

　教室にいると落ち着かない。授業中にノートに字を書こうとするとイライラする。文字の形や大きさのばらつきが気になってしょうがない。休み時間は，周りの生徒の声や音に敏感に反応してしまって，急にパニックを起こしたりする。そこで，なるべく教室には入らず，普段は保健室で過ごすようにしている。それに，偏食がひどくて給食が食べられない。なので，午前中だけ登校し

て給食前には帰宅するという生活が続いている。

　あるとき，彼は，養護教諭に連れられて，校内のカウンセリングルームに入ってきた。

　挨拶を交わそうとしたが，おどおどして目を合わせようとしない。

　黙ったまま，彼は椅子に座った。軽く言葉をかけてみるものの，緊張しているのか，うまくしゃべれないといった感じである。

　この部屋には，箱庭が置いてあった。空色に縁取られた箱に白い砂が敷いてある。彼の目線がチラッとそちらに動いた。

　「気になるのかな……。ちょっと触ってみる？」

　彼は何も言わず，ゆっくりと立ち上がると，おもむろに箱庭に近づき，おそるおそる白い砂を撫ぜてみたりした。すぐ横には棚があり，いろいろなフィギュアが種類ごとに所狭しと並んでいる。

　「よかったら……，好きなように砂の上に置いてみてもいいよ……。」

　そんなふうに，彼を促してみた。それからの彼の佇まいは，どこか神秘的にも感じられた。

　棚にあるフィギュアを，じっと見つめ出したのである。

　辺りの空気は止まり，その代わり，沈黙の旋律が流れていく。彼は，自分の内なる世界に，深く，深く，入り込んでいるようだった。

　どれくらいの時間が過ぎただろうか……。いくつかのフィギュアの中から，柴犬のフィギュアを一つ選んで，箱の端のほうにそっと置いた。

　一つ置くと，また彼は，考え込むような顔をした。

　それからしばらくして，針葉樹と，家の形をした建物を，柴犬の近くに置いた。置き終えると，彼は満足しているように見えた。

　たったこれだけだった。

　そこで，ちょうどチャイムが鳴った。「どうする，保健室に戻る？」と彼に聞くと，こちらを見て小さな声で「はい」と答えた。そうして，少し頭を下げてから，彼はカウンセリングルームを去っていった。

　………

放課後，彼のクラス担任が，養護教諭と一緒に入ってきた。

「一体，あの生徒に何をしたんですか？」

開口一番，担任がこう言い放った。

養護教諭からの説明によると，保健室に戻った彼は，自分から「次の授業に出たい」と言い出したのだという。

「そう，それからは今日一日，ずっと教室にいましてね。給食もね，食べるって言うので，まあ多少は残しましたが，ちゃんと食べたんですよ。午後も授業に出ているし。終学活のときなんか，にこにこして，他の生徒とも話をしているんです。周りの子たちも，今日の〇〇君，どうしちゃったんですかって驚いてしまって……。」

担任は，まるで狐にでもつままれたような感じで，早口で彼のその日の成り行きについて話していた。

さて，念のために，この事例を提示した意図が，箱庭療法は発達障害児の治療に即効性があるので推奨したい，ということではないことを，あらかじめ断っておこう。

注目すべきは，この生徒の心の中で何が起こったのか，ということだ。

　　箱庭の砂の上に描かれた世界

　　柴犬，針葉樹，家

まるで何かの暗号のようである。

この中，針葉樹は，彼自身を象徴しているのではなかろうか。こちらのイメージにすぎないが，周囲に対して神経過敏になっている彼の心の状態が，針葉樹に仮託されているように感じられる。

この生徒は，自宅にいるときは，飼っている室内犬をかわいがり，一緒に過ごしていることが多いという。彼が描きたかったのは，おそらくこの飼い犬との日常風景だったにちがいない。

自分が最もリラックスしている心の瞬間を再現すること。それは学校で針の莚（むしろ）のような緊張状態の中にいる自分とは，ちょうど対極にある。

そうした心地のよいイメージ体験を，内面に深く入り込んで反芻することによって，彼の心の中に補償作用が引き起こされたのであろう。要するに，その精神的エネルギーのカセクシスが，かえって現実の中で生きようとする力へと転換したのである。

なお，もう一度断っておくが，箱庭はたまたまこのときの彼の転換を媒介したにすぎないのであって，箱庭療法をうまく活用すれば，みな同じような結果になるとは限らない。心の変容はどこまでも偶発的であり，カウンセラーにできることは，ただその後付けをするのみである。

人の心というのは，本当に不思議である。心の不思議さに比べれば，発達障害といった概念など，所詮はちっぽけなものだ。心は，作為的なカテゴリー化になじまないし，それによって把握しきれるものではない。心は，むしろ流動的であり，生成していくノマドである。

だからこそ，どこに転がっていくのかも分からないし，どこにでも転がっていくのだ。いつ，どんなきっかけから変容するのかも予測がつかない。思いがけず劇的にひっくり返ることもあれば，ゆっくりと時間をかけて少しずつ変化していくこともある。そうした心の変容を，事前にお膳立てをし，操作しようとしても，徒労に終わるだけであろう。ただ時が熟したときにのみ，おのずから変容していくものなのだ。

それはつまり，いのちとか生命と呼ばれるものの本質が，そのようであるからである。

教育に関わる者は，「発達課題」とか「ライフサイクル」といった用語に引きずられて，人生というのは，何か決まった枠組みの中を一つの目的に向かって進んでいくかのような錯覚に陥りがちである。しかしながら，そもそもいのちや生命は，それほど秩序立っているわけではない。

近年では，自然システムを考える上で，「複雑系」とか「カオス理論」といった概念が盛んに用いられていることは，周知のことだろう。

建築の世界にも，似たような考え方として，「セミ・ラティス」[13]というモ

デルがある。デザイナーが機械的に考案し短期間で設計された人工都市は，すぐに機能破綻になり崩壊しやすいという。それは，「ツリー」と呼ばれる秩序だった構造に縛られてしまい，柔軟性や発展性の余地を奪うからである。一方，時間をかけて自然に成長してきた都市には，「セミ・ラティス」と呼ばれる複雑に入り組んだ構造がいつのまにか形成されており，住民たちにとっては機能的で，変化に富み，活気があり，住みやすいと感じられる。

人間の合理的思考によって制作された人工物は，〈機械的な構造〉をもち，「機械的プロセス」によって作られる。けれども，自然の中で生み出される形態は，〈生きた構造〉をもち，常に「生成的プロセス」の中にある。

いのちや生命のはたらきは，自然の中から湧き起こってくる。いや，むしろ自然そのものといっていい。だから，その形態は，生成的で，無秩序で，無目的で，流動的で，区切りや境界線がない。人の心は，こうした形態（いわば，形のない形）のもとに成り立っているのである[14]。

何だか取り付く島がないような話だな，と思われるかもしれない。だが，あえて言えば，その流れにそのまま委ねてみることこそ最良の方策である。そうすることで，思いがけない展開が待っていることだろう。

心のケアも学校教育も，きっとそんなふうに考えていくことで，子どもたちの自然な成長・発達を促すことができるのではないだろうか。

5　スクールカウンセラーが，学校にいる

文部科学省は，これからの学校コミュニティの構図として，いわゆる「チーム学校」という考え方を打ち出している[15]。

これは，従来の教職員に加えて，専門能力を担った様々な職種のスタッフを学校組織のもとに正式に位置づけ，それぞれの専門性のもとに協働連携して，生徒指導や生活支援，課外活動等に当たるためのチーム体制を作っていくことを目指すものである。

とりわけ法令上の位置づけのなかったスクールカウンセラーやスクールソー

シャルワーカーを，法的に整備して，将来的には一人で複数校を担当する形で常勤化し，すべての公立学校に配置していく方針なども盛り込んでいる。

「チーム学校」が定着して新たな学校文化が形成されていくと，スクールカウンセラーは，チームの一員として，学校コミュニティの中に正式に属することになる。

ということは，スクールカウンセラーは，これまでのように外からの来訪者ではいられなくなる。

つまりは，学校に来る，のではなく，学校にいる，ことになる。

これはこれでよいのであろうか。というより，今までのあり方と何が変わるのだろうか。

スクールカウンセラーが学校にいる頻度が多くなれば，教職員との連携や協働がしやすくなるし，児童生徒や保護者にとってもより身近な存在となる。その一方で，スクールカウンセラーの外部性は，かなり薄まっていくことになるだろう。

そもそもスクールカウンセラーの外部性とは何なのか。

それは「心」の扱い方，「心」の専門性，ひいては「心を育てる」という問題に関わると言えるだろう。

スクールカウンセラーは，人の心にどう関わるのかを示すことによって，「教育とは何か」，ひいては「人間とはどうあるべきか」といった問いを，学校にそれとなく投げかけている。最初の節でそんなふうに書いたが，スクールカウンセラーの外部性が薄まると，そうした機能は失われるのだろうか。

それは，決して失われてしまうのではなく，むしろそういう問いかけ自体が学校の中に内面化し，浸透していくのではないだろうか。

とはいえ，それは，教育心理学や臨床心理学などの知識や見解を，学校の中で誰でもが自由に語れるようになる，といった意味ではない。

スクールカウンセラーは，その活動を通して，学校とは異なる特殊な価値観を外から運んでくる。しかしながら，スクールカウンセラーが内部化することで，その特殊な価値観が，学校にとって別段，特殊ではなくなってくる。スタ

ンダードになってくる，ということである。

　「チーム学校」は，そういう意味でも，確かに日本の教育界にとって革新的な取り組みと言えるのかもしれない。

　学校が変わろうとしている。教育と心のケアとが学校の現場において深くつながろうとしている。ただ，裏を返せば，それほどまでに今日の教育の危機は逼迫しているということでもあろう。スクールカウンセラーが，学校にいる，というあり方へと移行することで，教育の危機に対する一つの処方箋になればと願うところである。

〈註〉

(1)　人の話を聞くこと，傾聴することは，本当に誰でもできることなのだろうか。そんな疑問をもってこの一文に止まっていただけたのであれば，うれしく思う。傾聴は，カウンセラーのもつ専門的なスキル（技法）の一つとも言えなくもない。ただし，本当に相手の言葉に耳を傾けているときには，スキルといった意識も消え失せている。その時は，聞く者も話す者も一つになっているからである。そして，それは特別なことではないが，いつでも起こるとは限らない。はっきりしているのは，ケアが深まったときには，誰にでも起こりうる，ということである。

(2)　「教育の死」についての考察は，次の論文に依拠している。西平直「デス・エデュケーションとは何か―大人が・子どもに・死を・教える？―」（竹田純郎・森秀樹編『《死生学》入門』ナカニシヤ出版・1997年，第9章）

(3)　「死とは何か」を考える上では，哲学者池田晶子による考察が参考になる。池田晶子「死をどう考えるか」（『14歳からの哲学―考えるための教科書』トランスビュー・2003年）・「死とは何か―現象と論理のはざまで」（『死とは何か―さて死んだのは誰なのか』毎日新聞社・2009年）

(4)　さしあたりの概説書として次の著書を挙げておく。林直樹『リストカット―自傷行為をのりこえる』（講談社新書・2013年）・松本俊彦『自傷・自殺する子どもたち』（合同出版・2014年）

(5)　「死と再生」は，もともと文化人類学の用語である。このモチーフは，世界各地の諸民族の大部分に見られる通過儀礼（イニシエーション）において顕著な特徴である。この場合，古い社会的人格としての「死」と新しい人格としての「誕生」を象徴している。現代日本では，もはや儀礼的な形でこのモチーフが表れることはまずない。多くは，思春期や青年期の，精神的に子どもから大人になると

きに起こるアイデンティティ・クライシスを通して見出される。なお，いうまでもないことだが，深層心理学において「死と再生」のモチーフを重視したのは，C. G. ユングである。

(6)　小林敏宏・音在謙介「『英語教育』という思想―『英学』パラダイム転換期の国民的言語文化の形成」（『人文・自然・人間科学研究』21・2009年）

(7)　教えることがケアすること（ケアリング）の表れであることを先駆的に主題化した教育学者として，ネル・ノディングスを挙げることができる。Nel Noddings, *"Caring - A Feminine Approach to Ethics & Moral Education"*, University of California Press, 1984.（立山善康ほか訳『ケアリング―倫理と道徳の教育 女性の観点から』晃洋書房・1997年）

(8)　映画「かすかな光へ」公式サイト http://kasuka-hikari.com/

(9)　大田の教育観については，次の論文を参照している。西平直「大田堯における『生命』の視点―種の持続としての教育」（皇紀夫・矢野智司『日本の教育人間学』玉川大学出版部・1999年，第11章）

(10)　大田堯『教育の探究』（東京大学出版会・1973年），52頁

(11)　前掲西平論文（1999年），224頁

(12)　「発達障害」を取り上げた書籍は巷にあふれている。あまりに多すぎて何を取り上げたらよいのか判断がつかないほどである。そもそも現代の日本社会に，なぜこれほどまでにこの言葉が急速に広がっているのだろうか。筆者としては，そうした文化論的な解明のほうに興味がある。

(13)　セミ・ラティス（semi lattice）は，ウィーン出身でアメリカに移住した建築家クリストファー・アレグザンダーが考案したシステム・モデルである。「網状交差図式」とも言われる。「ツリー」と「セミ・ラティス」の対比概念は，もともと数学の集合論の用語に由来している。なお，この概念は，ポストモダンの哲学者ジル・ドゥルーズの「アルブル（木）」と「リゾーム（地下茎）」の対比概念と対応しているため，合わせて論じられることが多い。

(14)　生成論的な生命のモデルは，多声ネットワークを基調とする意味生成論について言及した次の論文を参照している。やまだようこ「多声テクスト間の生成的対話とネットワークモデル」（『質的心理学研究』第7号・2008年）

(15)　文部科学省ホームページ：初等中等教育分科会（第102回）資料「チームとしての学校の在り方と今後の改善方策について」http://www.mext.go.jp/b_menu/shingi/chukyo/chukyo3/siryo/attach/1365408.htm

＜第 II 部＞

シンポジウム＜教育とケア＞
「スクールカウンセラー」を考える

シンポジウムの概要

シンポジウム＜教育とケア＞
「スクールカウンセラー」を考える

※筆者らは，2016年12月17日（土）の13：30～17：00，上越教育大学の第 2 講義棟202教室を会場に，表記のシンポジウムを行った。当日は，100人を超える方々の参加を得て，会は充実したものとなった。

　以下は，そのシンポジウムの企画趣旨，シンポジストとして登壇下さった水上和夫先生，横澤富士子先生，戸田弘子先生による話題提供である。

企 画 趣 旨

　今日，わが国においてスクールカウンセラーの存在は広く知られるようになった。しかしその中で，我々は「誰のためのスクールカウンセラーなのか」，「スクールカウンセラーは何をするのか」，「スクールカウンセラーに求められる役割は何なのか」という，根本的な問いへの答えをもたないまま，この制度を継続しているようにも思われる。

　本シンポジウムでは，有する資格・考え方・手法などが異なるスクールカウンセラーに登壇いただき，それぞれの視点から〈そもそもスクールカウンセラーとは何なのか〉，〈真に機能するスクールカウンセラーとは何か〉を考えていきたいと願ったからである。

※なお，本シンポジウムは平成28～30年度　科学研究費助成事業「『無』の思想に基づくケア理論の構築とその臨床教育学的位置づけ：課題番号16k04461」（研究代表者：稲垣応顕）の助成金の一部により運営された。

第3章

「違いのよさ」を発揮するガイダンスカウンセラー

──スクールカウンセラーから見た教育の問題──

水上　和夫

1　教育カウンセリングを生かすガイダンスカウンセラー

(1) 治療的か，開発的か

　私は，富山国際大学こども育成学部でカウンセリングの講義をやっています。学生には，スクールカウンセリングは一人ひとりの児童生徒の独自性，主体性を尊重し，カウンセリング・マインドを大切にしながら教育上の諸問題について援助・指導を行うことで，一人ひとりの児童生徒の自己実現を援助する活動であると説明しています。

　スクールカウンセリングを児童生徒の不適応行動に焦点を当て個別に行う援助や相談であり，主として教師が児童生徒との一対一の関わりを通して不適応行動の改善を図るように援助していく治療的なカウンセリングであるという考えがあります。そして，スクールカウンセラーは，不適応行動に焦点を当てたカウンセリング活動が中心だと思っておられる方が多いような気がします。そして一対一の個別面接を通して不適応行動の改善を図ることであるというのが一般的な受け止めになっています。

　これに対して教育カウンセリング，つまり育てるカウンセリングを大切にして活動しているスクールカウンセラーがいます。少し教育に馴染みのあるカウンセラーということになります。一人ひとりの児童生徒が能力や持ち味を生か

して主体的に課題に取り組み，自らの問題に積極的に向き合い対応していけるように援助や相談を行うのです。すべての教育活動のなかで，児童生徒の成長を援助していく予防的・開発的なスクールカウンセリングです。

(2) スクールカウンセラーの資格

　私はスクールカウンセラーをして5年目です。私はスクールカウンセラー制度でいうと「スクールカウンセラーに準ずる者」なのです。スクールカウンセラーの正規の資格は，臨床心理士や大学の教員であるということが制度が始まったときから決まっています。ですから私は，スクールカウンセラーといっていますがスクールカウンセラーに「準ずる者」なのです。

　もちろん，私はガイダンスカウンセラーと教育カウンセラー上級の資格をもっています。ガイダンスカウンセラーは，幼・小・中・高校・中等教育学校，特別支援学校，大学および高等専門学校において，子どもの学習面，人格・社会面，進路面，健康面における発達を援助する専門家です。すべての子どもの発達課題に対する一次的援助サービス，苦戦している子どもの二次的援助サービス，不登校や発達障害などで特別な教育ニーズのある子どもに対する三次的援助サービスをリーダーあるいはコーディネーターとして行うのです。

　また，私はQ-U「よりよい学校生活と友達づくりのためのアンケート」（河村茂雄著　図書文化社）による学級経営スーパーバイザー，構成的グループエンカウンター公認リーダーでもあります。また上越教育大学大学院生徒指導コースを修了しており，日本カウンセリング学会や日本教育カウンセリング学会に入り，研究活動も行っています。私はガイダンスカウンセラーと臨床心理士とは得意とするフィールドが違うだけであり，スクールカウンセラーとしての資質，指導力とも全く遜色ないと思っています。

　それでは，実際にガイダンスカウンセラーを皆さんに知ってもらおうと思います。ガイダンスカウンセラーはまだ，皆さんには馴染みがないかもしれません。これは臨床心理士に対する資格としてつくられたもので，基本的には以下

のことを行うカウンセラーです。

● ガイダンスカウンセラーとは？

　ガイダンスカウンセラーとは，幼・小・中・高校・中等教育学校，特別支援学校，大学および高等専門学校において，子どもの学習面，人格・社会面，進路面，健康面における発達を援助する専門家です。すべての子どもの発達課題に対する一次的援助サービス，苦戦している子どもの二次的援助サービス，不登校や発達障害などで特別な教育ニーズのある子どもに対する三次的援助サービスを，リーダーあるいはコーディネーターとして行います。さらに地域と連携して子どもたちの支援にあたると共に，家庭の支援を行います。

◆ 趣旨

　学校教育に役立つ「子どもたちの発達課題を解き成長を援助するスクールカウンセリング」を有効に機能させるために参加団体が協力します。発達課題とは，子どもたちの①学業，②人格形成・社会性，③進路，④健康面の発達をさします。これらに対して，すでに発生した問題に対する個別面接だけでなく，予防・開発的に，教室での集団指導や学校組織でのチーム対応，教師へのコンサルテーションなど多様な方法を用いて，学校教育の充実に資することをめざします。

　この資格を認定しているのはスクールカウンセリング推進協議会です。ガイダンスカウンセラーは上位資格なんですね。どういう資格がその下にあるのかというと，学校心理士，教育カウンセラー，学校カウンセラー，日本カウンセリング学会認定カウンセラーなどです。

　つまり，臨床心理士以外にいろいろなカウンセリングの資格はあるけれど，それぞれでは文部科学省は取り合ってくれません。そこで一つのまとまりとして資格を作ることになったのだと思います。今は教育カウンセラーの上級をもっている人が，ガイダンスカウンセラーになるとか，学校心理士をもっている人がガイダンスカウンセラーを取るという形が多いのではないかと思います。

　皆さんは今，臨床心理士が何人いるか知っていますか。臨床心理士は全国で大体27,000人くらいです。毎年2,000人ぐらいずつ増えています。指定大学院がありますから，そこから出た人が千何百人ずつ臨床心理士に新しくなってくるのです。100以上の指定大学院がありますから，勉強した人たちがどんどん臨床心理士になる時代なのです。

　スクールカウンセラー制度が始まった最初の頃はどこを探しても臨床心理士はいませんでした。富山県内でも「臨床心理士の資格をもっている人，お願いします」みたいな感じで始まったと思っています。けれども，これからは臨床心理士の有資格者が世の中にあふれる時代になってくると思います。

2　ガイダンスカウンセラーのスクールカウンセラー活動

(1)　活動報告日誌の改善

　では，教育カウンセラー，ガイダンスカウンセラーとしての私は，どういった活動をしているのかを皆さんにお話ししたいと思います。まず，日本教育カウンセラー協会機関誌に書いた私の巻頭言を見てください。

NPO 法人日本教育カウンセラー協会機関誌45号（2015年 9 月 1 日発行）より巻頭言

☒ 教育カウンセラーの「違いのよさ」を発揮

　私がスクールカウンセラーになって 4 年になる。初年度，中学校 2 校，小学校 1 校だった担当校が，今は中学校 3 校，小学校 3 校となった。前任が臨床心理士だった学校が多くあり，教育カウンセラーの「違いのよさ」を発揮することを意識しながら仕事を進めてきた。

　教育カウンセラーは，学級経営，進路指導，対話のある授業，特別活動，サ

イコエジュケーション，個別面接が得意である。けれども学校現場では，スクールカウンセラーは不登校やいじめに対応し，個別面接で解決するというイメージやニーズが定着している。このようなニーズに応えつつも，教育カウンセラーのアイデンティティを大切にして取り組んでいきたいと考えた。

　まず行ったのが勤務終了後提出する業務日誌の改善である。これまでの日誌は関わった児童生徒の対応が中心の記述であった。これを対象児童生徒だけでなく，学級の状態や教師の指導行動を分析し，これからの方向を提案する内容に改めた。業務日誌は校長，教頭，生徒指導主事などが回覧して目を通す。A4用紙1枚のレポートでカウンセラーの考えを知ってもらうことで，学校の問題解決に関わることができるようになった。

　二つ目は学級づくりや授業づくりと関連させて問題解決する姿勢を打ち出したことである。スクールカウンセラーが学級集団や人間関係づくりが得意であることが分かると，校内研修会の依頼を受けるようになった。学級づくりスタートダッシュ研修会，Q-U活用学級運営研修会，対話のある授業づくり研修会などである。また子ども対象では，特別活動のいじめ防止ワークショップ「あたたかい言葉のシャワー」「みんな！　よい仲間になろう」の授業を行った。

　学校の問題は学級や授業で起こっている。問題は学級集団と教師の指導行動のミスマッチで進行している。一対一の面接は保護者対応で効果はあるが，学級や授業が原因の問題を解決することは難しい。さまざまな問題に悩む学校現場は，教育カウンセラーの知識とノウハウを求めており，その重要性はますます増している。

　埼玉県やさいたま市のスクールカウンセラー募集資格にガイダンスカウンセラーが入り，臨床心理士と同等の扱いを受けるようになった。この動きが全国に広がることを願っている。それとともにガイダンスカウンセラー（教育カウンセラー）が臨床心理士とどこが違うのか，実際の活動を通して特長を出していきたい。教育カウンセラーの「違いのよさ」を発揮することで，学校現場のスクールカウンセラーへのイメージやニーズを新たなステージに高めていくこ

とが求められている。

//

　このときは4年目と言っていますが，今年は5年目なのです。スクールカウンセラーとして私が入った多くの中学校の前任者は臨床心理士でした。臨床心理士がスクールカウンセラーを務めていた後に私が入ったのです。だから臨床心理士と同じような活動をしてきたのかというと決してそうではないのです。私は私の立場としてスクールカウンセラーの仕事をやってきました。

　簡単にいうと1つ目はまず活動報告の内容を変えました。日々の活動報告の日誌などです。私の前任の方の報告書は，頭文字でN君に声をかけたとか，B君についてはこうだったという内容でした。よっぽどの人でない限り誰に声をかけているか分からない報告書が毎日出されていました。これでは，他の先生方や関係者が子どもの指導の参考にしようと思っても何も分からないと思いました。

　もちろん，面談や相談での内容をすべて書いていたのではありません。学校での面談は個人の問題だけでなく，担任や関係者と連携することが必要な問題が多いわけです。ですから本人の同意をとった上で，指導に必要なことは管理職などの関係者と情報を共有化するようにしました。また，Q-Uの分析や学級集団のアセスメントに基づく学級づくりに関するコメントも掲載するようにしました。

　これが報告書（図3—1）です。毎日大変ですが，大体A4，1枚の報告をワープロで打って提出していきます。例えばこれはQ-U検査の結果を見ていただいて書いたものです。中学1年の満足群のパーセントが2年の1学期ではこうなりました。それでは2年生はどのようなアセスメントで，どういう対応をするかについて書いています。

　つまり個別だけではなく，学級集団の状態を見て相談に乗り指導するのです。このように個別の一対一の面接だけではなく，集団のこともちゃんと対応できるカウンセラーとして活動しています。

スクールカウンセラー相談活動記録　　No.（11）

校長		教頭		教務		生指		養教		SC		平　成 28年　7月20日（水）
												活動時間 13：30～17：30

1. 相談内容

2年生の QU検査の結果 （6月8日実施） について	2年生のQUの満足群の推移は以下の通りである。 平成27年度　（5月）　　（1月）　　　平成28年度　　（6月） 　**1年A組**　　**77%** → **72%**　　　　　　**2年A組**　　　　**75%** 　**1年B組**　　**79%** → **79%**　　　　　　**2年B組**　　　　**85%** ◇**2学年の状況について** ・2年A組、2年B組の両クラスとも「親和的なまとまりのある学級集団」と判定されている。 ・今の2年生は1年の時から満足型の学級集団を継続している。ずっと満足群に70％以上の生徒がいることは素晴らしいことである。 ・これからは各クラスに数人ずついる学教生活に満足していないと訴えている生徒に対する対応に力を入れて欲しい。 ・学級集団の状態が良いのでやろうと思えば個別対応を充実させることができると思う。ターゲットを絞り込み、具体的な対応を続けて欲しい。

◆**学級集団の発達段階**

①第1段階　**混沌・緊張期**　　「ルールの設定」
②第2段階　**小集団成立期**　　「ルールの定着」
　　　　　安全が守られ安心して生活や活動ができると思える状態
③第3段階　**中集団成立期**　　「ルールの内在化・習慣化」
　　　　　学級集団での生活や活動が安定していると思える状態
④第4段階　**全体集団成立期**
　　　　　自分らしさや個性をみんなから認められていると思える状態　　｝**満足型学級集団づくりの目指す姿**
⑤第5段階　**自治的集団成立期**
　　　　　自分の理想を追求していると思える状態

・2年生は学級集団の発達段階でいうと、第3段階の中集団成立期から第4段階の全体集団成立期あたりだと思う。
・ここまで来ているのであれば、ぜひ、第5段階の自治的集団成立期の学級集団を目指して欲しい。
・自治的な学級集団は、これまでの指導を続けていたのでは到達しないと思う。教師の指導を意図的に以下のように変えていくようにしてほしい。
①教師の指導のリーダーシップの取り方（教示的→委任的へ）
②学級でのリーダーの育て方
　リーダー役割を一部の生徒に固定し、その生徒のリーダーシップを集中的に育てる
　　　　　　　　　　　↓
　リーダー役割の枠を増やし、様々な生徒にリーダー役割を通じて学級集団に貢献させることで全員にリーダーシップ育てる

図3―1　相談活動記録

（2）校内研修会の講師

　私は校内研修会の講師をやっています。基本的にこれはスクールカウンセラーの勤務時間で行っています。例えば図3―2は夏の研修ですね。学級集団を育てる指導力を高めるということで3時間の研修を行いました。この3時間

砺波市立●●中学校　校内研修会

学級集団を育てる指導力を高める
－学びに立ち向かう学級集団を育てる授業づくり－

期　日　　平成２８年８月１日（月）
講　師　　水上　和夫

Ⅰ　居場所となる学級づくり
1　問題行動は学級集団の在り方の影響を受ける
　　問題行動が起こる学級集団には、その行為を結果的に強化している構造がある。
　①2-6-2の法則
　　・学級のきちんとした2割、問題のある2割の子どもに教師の指導が集中する。
　　・普通の6割の子どもが上へ付くか、下へ付くかで集団は変わる。

普通の子どもをほめたり、認めたりする指導力の差で学級集団が変わる

　②強制的な指導が通じない子ども
　　・強制力が制限される時代の教師の指導力が問われている。

> 例　　来園者にいやな思いをさせない**ディズニーランド方式**が受け入れられる。

　　・学級を安心の場、心の居場所にして、いやな思いをする子どもを減らす。
　　・学級づくりのできる教師が信頼され、信頼の強さが教師の指導力を決定する。

学級を安心の場、心の居場所する学級づくりのノウハウをもった教師が信頼される

Ⅱ　授業づくりを振り返る
1　授業づくりとカウンセリング
（1）授業づくりにカウンセリングを生かす
　　「ふれ合い」と「つながり」を大切にし、子どものかかわりを生かす授業にカウンセリング
　　を活用する。

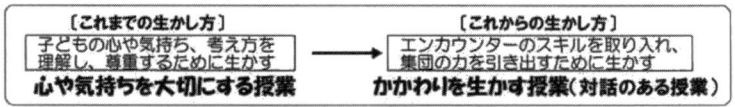

図1　カウンセリングの授業づくりへの貢献

（2）ラーニングピラミッドと授業

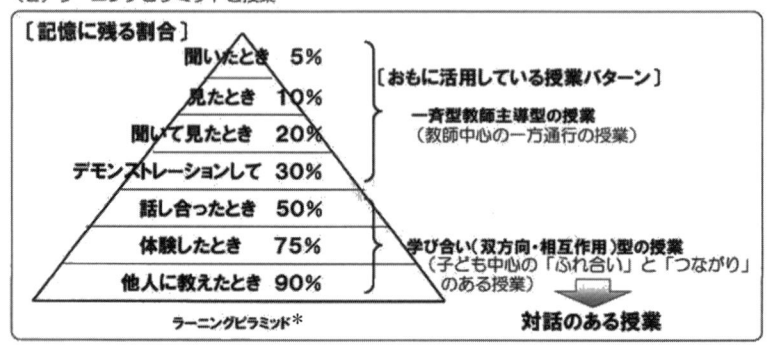

＊出典：アメリカ国立訓練研究所（National Training Laboratories）「平均学習定着率調査」から

図3－2　学級づくり校内研修会レジュメ

南砺市立●●中学校　2学年研修会

Q-Uを学級づくりに生かす
－ 年度後半の指導を充実させる －

期　日　　平成28年12月13日（火）

講　師　　水上　和夫

I　Q-Uの結果を生かす

（1）学級集団の状態（福光中学校）

学年・組	学級生活満足群の子どもの割合	（上段）1学期6月10日実施時の学級の状態 （下段）2学期11月17日（4日）実施時の学級の状態
1年1組	60%（1学期）	◇学級内の規律と人間関係が不安定（ルール不安定×リレーション不安定）　※かたさの見られる集団[管理型]に近い
	（2学期→72%）	◆親和的なまとまりのある集団（ルール高×リレーション高） ※承認得点低い子どもが少ない（2人のみ）
1年2組	60%（1学期）	◇学級内の規律と人間関係が不安定（ルール不安定×リレーション不安定）　※ゆるみの見られる集団[なれあい型]に近い
	（2学期→50%）	◆学級内の規律と人間関係が不安定（ルール不安定×リレーション不安定）※[なれあい型]　侵害行為認知27%→40%増える
2年1組	75%（1学期）	◇親和的なまとまりのある集団（ルール高×リレーション高）
	（2学期→54%）	◆かたさのある集団（ルール高×リレーション低） ※[管理型]　承認得点低い子ども19%→36%増える
2年2組	53%（1学期）	◇ゆるみの見られる集団[なれあい型]（ルール低×リレーション高） ※承認得点低い子どもが少ない
	（2学期→50%）	◆かたさのある集団（ルール高×リレーション低） ※[管理型]　承認得点低い子ども31%→47%増える
平均	62%）（1学期） （2学期→）57%	

QUによるアセスメントを活用し、学級集団の「現在地」と「目的地」を明確にして学級づくりを進める

2. [ワークシート]Q-Uを学級づくりに生かすー 年度後半の指導を充実させる ーに記入
　　1　2学期のスタート（9月）から取り組んだこと
　　2　担任している学級の発達段階

3. 結果を見て感じたこと、思ったことを話し合う
　　・うまくいったこと
　　・なかなか成果が見えないこと

学級集団のアセスメントを生かし、年度後半の学級づくり、授業づくりを進める

図3－3　Q-U校内研修会レジュメ

をスクールカウンセラーの勤務として行っているのです。

　さらには，12月13日には２回目のＱ−Ｕ検査の結果をもとに，これからどうしようかという学年研修会を行いました（図３−３）。中学校は忙しいので学年ごとに１時間空き時間をつくっていただいたり，放課後の短い時間にこういう研修会をスクールカウンセラーとしてやっています。

(3)　いじめ防止ワークショップの実施

　いじめ防止ワークショップを紹介します。小学校と中学校で実施しました。『指導と評価』に「学校力」「教師力」アップセミナーという記事を１年間連載し，いじめ防止ワークショップのことを記事として掲載しました。

//

『指導と評価』2016年10月号　連載　「学校力」「教師力」アップセミナー　(6)
（日本図書文化協会・日本教育評価研究会　2016年10月１日発行）より

☑ いじめに対処する

　国立教育政策研究所のいじめ追跡調査（2010年から３年間，小学校４年から６年に年２回・全部で６回調査）によると，６回とも「仲間はずれ，無視，陰口」されたことが「全然なかった」子ども13％，１回でも被害を訴えた子ども87％，加害経験が１回でもある子ども86％となっている。多くの子どもが被害者としてだけでなく，加害者としていじめに巻き込まれている。

　いじめは特定の「いじめっ子」や「いじめられっ子」だけの問題ではない。どの子どもも被害者はもちろん，加害者にもなり得る。このため，いじめっ子がいじめをしないように指導したり，いじめられた子どもの心のケアを行ったりする，被害者と加害者に注目した対応だけではいじめは解決できないのである。

1　いじめ対応体制の整備

　平成25年に「いじめ防止対策推進法」が施行された。この推進法は「積極的ないじめの認知」「組織としての対応」を求めており，心身に重い被害を受けたケースの「重大事態」として報告義務付けや警察に通報，加害側の子どもの出席停止などを定めている。

　学校ではこの推進法に基づき，「いじめ防止基本方針」を作成し，教育計画に早期発見の体制，発生時の対応などを掲載し，組織的にいじめ対策を進めている。子どもの言動の見方など，いじめに関する研修を行い，子どもや保護者への定期的なアンケートを実施していじめ情報の収集，早期発見，早期対応の体制を整えている。

2　いじめ防止対策の推進

　いじめの早期発見，早期対応による問題行動の改善や被害者の心のケアという「待ち」の姿勢だけでなく，いじめを生まない予防・開発的な対応に力を入れるようにしたい。いじめ予防や人間関係の改善などのガイダンスカリキュラムを実施し，いじめに向き合い，いじめに立ち向かう子どもを育てるようにしたい。

　いじめは言葉によるからかいや嫌がらせ，陰口や無視などから始まる。暴行や傷害を伴うものは例外的で，個々の行為だけを見れば，好ましくはないものの"ささいなこと"と見過ごされていることが多い。このようなことを許さないために，学級集団の改善やいじめを生まない人間関係づくりを進める授業を計画的に行うようにしたい。とくに友だちを傷つける言葉遣いを減らし，温かい言葉が学級にあふれるようにすることが，いじめを未然に防ぐ大きな力になる。

3　いじめ防止ワークショップの実際

　私はスクールカウンセラーとして小・中学校で学級担任と子どもの人間関係を改善するプログラム「いじめ防止ワークショップ」を行っている。構成的グ

ループエンカウンターを活用して友だちに対する思いやりと励ましの声かけをできるようにする授業である。

中学1年で実施した特別活動・いじめ防止ワークショップ「思いやりと励ましの声かけができるようになろう！」（50分）の様子を紹介する。ティームティーチングで授業を進め、スクールカウンセラーがT1としてエクササイズを行い、学級担任はT2として進行を補助した。

(1)　授業のねらい

温かい言葉が友だちを元気にすることに気づき、いじめをなくし、安心して楽しい学級生活を送るために友だちに思いやりと励ましの言葉かけができるようになる。

(2)　指導計画（表3―1を参照）

(3)　授業の様子

授業の最初に、自分のしていることが友だちを傷つけるいじめになっていないかを考えた。ワークシート（図3―4）に書いた考えをもとにペアや全体で話し合った。「きもい」「むかつく」を友だちに言うことはいじめだと思っているにもかかわらず、82％の生徒が使っている状況であった。またクラスでひそひそ話をする生徒が43％いた。これまでの自分の言葉遣いや行動を振り返ることで、気づかないうちに友達の嫌がる行動をしていることがあることを話し合った。

ワークシートの「私の言葉遣いの様子」には次のような言葉遣いの振り返りがあった。

・私は励ましの言葉も言うけれどチクチク言葉も使っていると思った。

・相手の気持ちを考えずに思いついたことを話していると思った。

・日頃の言葉遣いがあまり良いとは言えない。友達が落ち込んでいるときには「どうしたの」「大丈夫」などと言えたらいいと思う。

・思いやりの言葉を使ったら気持ちが良くなることがわかった。

このように子どもたちは自分の言葉遣いを振り返るだけでなく、これからどのようにすればいいかを考えていた。

表3―1 指導計画

◆いじめ防止ワークショップ「思いやりと励ましの声かけができるようになろう！」

	順	学習の流れ	指導上の留意事項
導入		**1 自分のしていることが、人を傷つける「いじめ」になっていないかを話し合う。** ①「くさい」と聞こえるように言う ②「きもい」「むかつく」と話す ③わざと机をくっつけない ④クラスの中でひそひそ話をする ⑤人が嫌がっているあだなで呼ぶ **いじめをなくし、安心して楽しく学級生活を送るために、友だちに思いやりと励ましの言葉かけができるようになろう。**	・アイス・ブレイキングとしてエクササイズ①「あいこジャンケン」を行う ・相手がいじめられていると思ったら「いじめ」であることを説明する。 ・思いやりや 励ましの言葉かけをするで「いじめ」を防ぐことができることを確認する。
展開	10分 25分	**2 エクササイズ②「○○先生、いじめウオッチング」を行う。** ①ペアで担任が中学1年の時の「いじめ」に関することで聞きたいことを話し合い、質問することを決める。 ②話し合って決めた質問をペアのどちらかが聞く。 ③担任は質問に一生懸命に答える。ただし思い出せなかったり、答えれなかったりするときはパスをしてもよい。 **3 エクササイズ③思いやりの言葉かけジャンケン「どうしたの？大丈夫？」を行う。** ①どんな言葉が相手を励まし、元気づけるかをを話し合う。 「ありがとう」「いっしょに遊ぼう」「どうしたの」「だいじょうぶ」など ②思いやりの言葉かけのポイントを知らせる。 ③エクササイズのやり方を説明する。 ・ペアになり、ジャンケンをする。 ①負けた人＝あーっ。具合悪い。 ②勝った人＝顔色よくないよ。 　　　　　　どうしたの？大丈夫？ ③負けた人＝○×で判定し、○だったら「心配してくれてありがとう」とお礼を言う。 ④エクササイズを行う。（3分間）	・担任は中学1年の時のことを思い出して生徒の質問に答える。 ①内容が生徒が「いじめ」を考える参考になるように話す。 ②教師がその時に実際にとった態度や行動を生徒が理解しやすいように具体的に話す。 ③自分がその時に思ったこと、感じたこと、反省したことをしっかり伝える。 ④「いじめ」は許されないという今の気持ちを伝える。 **◆思いやりの言葉かけのポイント** 　①きちんと相手を見る 　②心を込めて言う 　③「相手の様子＋相手を思う自分の気持ち」で話す ・思いやりの言葉かけのポイントに気をつけながらエクササイズに取り組むようにする。 ・あわてて適当にやるのではなく、しっかりあたたかい言葉かけを行うように注意する。
終末	35分 45分	**4 これまでの言葉遣いを振り返り、温かい言葉かけで友だちに元気をあげることを話し合う。** ①振り返りカードを書く。 ②グループで一人一人が自分の振り返りを発表し、話し合う。 **5 エクササイズ④思いやりと励まし言葉のシャワー「できる！できる！」を行う。** ①グループ（班）で順番に行う。 　話し方＝「私（ぼく）は、○○○○の時に『□□□□』という思いやりと励まし言葉のシャワーをしようと思います」 ②他の者は拍手をして励ます。 **6 担任の話を聞く。**	・ワークシートにエクササイズに取り組んだ感想や自分の言葉遣いの振り返りを書く。 ・発表が終ったら、他の者は拍手をし、「できる！できる！」と言って励ます。 ・担任が思いやりと励ましの言葉で勇気づけられた体験を話して生徒の言葉かけを意欲づける。

4　いじめ予防で変わる子ども

「あなたは授業をして，友達を元気にするはげましや思いやりの言葉かけが，できるようになったと思いますか？」に対する回答は，「はいとっても」67％，「まあ，まあ」33％，「あまり」０％であった。

　本授業の活動を通して生徒たちは次のようなことを感じていた。

・今まで私が使っていた言葉について振り返ることができてよかった。あったか言葉をこれからたくさん使おうと思った。

・自分ではいじめだと思っていないことでも相手にはいじめになっていることがある。これからの言葉遣いに気をつけたいと思った。

・思いやりの言葉をかけてもらうと嬉しい気持ちになりました。これからも励ましや思いやりの言葉を使いたいです。

・今までは少しきつい言葉をかけてしまっていた。これからは少なくしていきたい。

　このようにいじめ防止ワークショップでいじめに対する考えを深め，これからどのように生活するかを考えていた。

5　いじめ予防の授業で変わる教師

　本ワークショップで担任は以下の活動を行った。

①エクササイズ『○○先生，いじめウオッチング』で生徒の質問に答え，自分が中学１年の時のいじめの様子を語る。

②エクササイズのデモンストレーションをカウンセラーと一緒に行う。

③エクササイズでしっかり活動していた生徒や楽しく取り組んでいた生徒をほめる。

④授業最後に，自分が励ましや思いやりの言葉で勇気づけられた体験を語る。

　学級担任はエクササイズに取り組んでいる生徒の様子を見てほめ，プラスのフィードバックを行った。言葉遣いへの思いやいじめに関する自分の考えを語る場面が多くあった。

　『○○（担任名）先生，いじめウオッチング』では，生徒と同じ中学１年の

ワークシート「思いやりとはげましの声かけができるようになろう！」

年　　組　名前

◇あなたは、次の言葉をつかったり、行動をとったりしたことがありますか。

	あっていたら （　）に〇をつける	したことがある	言葉をつかったり、行動を とったりすることは 「いじめ」だと思う
①「くさい」と聞こえるように言う		（　）	（　）
②「きもい」「むかつく」と話す		（　）	（　）
③わざと机をくっつけない		（　）	（　）
④クラスの中でひそひそ話をする		（　）	（　）
⑤人が嫌がっているあだなで呼ぶ		（　）	（　）

◇わたしの言葉づかいのふり返り

あなたは、友だちに「思いやりの言葉」や「はげましの言葉」を
たくさんかけていますか？　3つのうちどれかに〇をつけて、
自分の言葉づかいの様子を書きましょう。

《自分の言葉づかいの様子を書く》

（　）「はいとっても」　（　）「まあ、まあ」　（　）「あまり」

◇エクササイズ・「わたしの得意なはげまし言葉」

ペアの相手に「はげまし言葉」を伝えましょう。
あなたがペアの相手に言う「はげまし言葉」を下のかっこの中に書きましょう。

◆私がペアの相手に言う「はげまし言葉（相手の様子＋はげます言葉）」

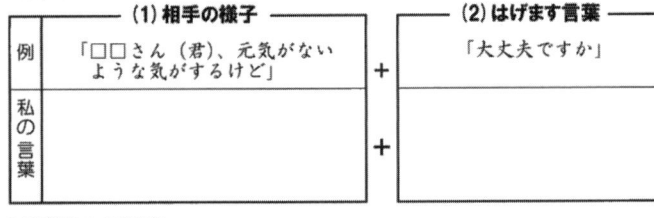

	(1) 相手の様子		(2) はげます言葉
例	「□□さん（君）、元気がない ような気がするけど」	＋	「大丈夫ですか」
私の言葉		＋	

◇授業後のふり返り

あなたは、いじめ防止ワークショップの授業をして、友だちを元気にする
はげましや思いやりの声かけが、できるようになったと思いますか？
3つのうちどれかに〇をつけて、活動して感じたことを書きましょう。

《活動して感じたこと・感想を書く》

（　）「はいとっても」　（　）「まあ、まあ」　（　）「あまり」

図3－4　いじめ防止ワークショップワークシート

時のいじめの様子について語った。担任には中学1年の時のいじめ体験や思いを語ることを事前に知らせ，話すことを準備してもらっていた。

　生徒からは，「どんないじめがあったのか」「先生はどう関わっていたのか」「先生はいじめられていたのか」などの質問があった。担任は「友だちといじめのトラブルがあったこと」「その時に自分が思ったこと」「トラブルを解決したこと」などを語った。ある担任はいじめトラブルがあった友だちと今は親友として付き合っていることを話した。

　生徒は担任の話をかたずをのんで聞き入り，いじめをどのように考えるのかを再認識する機会となった。いじめをどのように考え，どのように向き合ったのかという教師の自己開示は，生徒のいじめ問題に対する姿勢を前向きなものに変えていった。そして，いじめ予防の授業に取り組むことで，生徒だけでなく教師自身のいじめに対する考えや指導姿勢を確かなものにしていった。

6　いじめ予防の最前線は学級づくり

　授業の最後にエクササイズ「思いやりと励ましの言葉のシャワー「できる！できる！」を行い，友達にシャワーする思いやりと励ましの言葉を語った。

・部活動で友達に「ありがとう」や「頑張れ」「ファイト」と言う言葉を使いたいと思った。

・友だちが失敗したときには「ドンマイ」と言って声をかけたい。

・困っている人を見つけたら「どうしたの？大丈夫」と声をかけたい。

　その後，励ましと思いやりの言葉が学級に溢れるようにすることで，いじめたりいじめられたりすることがなく安心して過ごすことができる学級をつくることを話し合った。

　いじめ予防のポイントは学級が子どもの居場所となり，子ども同士の絆を深めることである。そのために日常生活における言葉遣いの指導が重要になる。エンカウンターを活用して言葉遣いを体験を通して振り返り，全ての子どもが安心や充実感を感じる学級集団づくりに取り組むことで，いじめを未然に防止することができるのである。

(4)　学級担任と連携する

いじめ防止ワークショップはランチルームで行いました。最初はアイスブレイキングとして「あいこじゃんけん」など単純なことをして雰囲気づくりをしました。

国立教育政策研究所（2016）の追跡調査では，「あなた無視されたことありますか」，「無視したことありますか」といういじめに関する調査をした結果，学級の9割の子どもが加害者になっており，そして自分もそういうことをされたことがあるという実態があります。もちろん程度は違うので，実際のいじめかはどうかは怪しいけれども……。

この生徒は，最初のアンケートで，「臭い」「聞こえるようにきもいと話す」「わざと机を離す」「クラスの中でひそひそ話をする」，「人が嫌がってあだ名を言う」のうち2つはしたことがあると言っています。そして「あなたはこれをいじめと思ってますか」という問いには全部「いじめだと思ってます」と答えています。こういうのを実際にワークシートに書かせて，実際に話し合わせて，意見交換するのです。

この授業では担任とのティームティーチングで「何々先生いじめウォッチング」というのをやりました。これは，担任の先生が中学校1年の頃のいじめの様子を子どもが質問するのです。

先生に質問することをペアで話し合って決めます。生徒が質問する。先生は一生懸命答える。もし答えられなかったらパスもあるという条件になっています。「先生のクラスでいじめはありましたか」「先生は友だちをいじめたことありますか」「先生はいじめられたことありますか」という例を挙げました。

なぜこういうことをしてるかというと教師というのは，教師になったら突然，自分が中学校1年の頃にはいじめてもないし，いじめなんて知らないみたいなことを思うわけです。けれども，先生も中学校1年のときがあり，そのと

きにどんなことを思っていたかどんなことを感じていたかを子どもたちに伝えてほしいのです。ただ「私もいじめていました」と言うのがよいのかは考えないといけないと思います。教育的にいろいろ考えて話していただくけれど，嘘は言ってはいけません。

このように教師の中学校1年の頃の思い出したことを語ってもらうことで，子どもたちがいじめの問題というのが他人事じゃないな，先生もこういうことを感じていたんだなということを感じてもらうのが狙いなのです。

さらには，基本的にいじめは言葉から始まるので，悪い言葉を言わないだけではなくて，励まし言葉を言えるのがこのワークショップの狙いなのです。例えば「ありがとう」，「がんばって」，「ドンマイ」，さらに相手の様子の後につけて言えるようになろうという活動です。

「『係の仕事を手伝ってくれてありがとう』，こういうふうに友だちにちゃんと言えるようになりましょう」という活動です。実際にはワークシートに同じグループの友だちに声をかけてあげるのです。実際に友だちに声をかけ，言われた感想や言った感想を分かち合うのです。

こういうことがスクールカウンセラーの仕事なの？　と思うかもしれませんが，これからのスクールカウンセラーは，こういうふうに担任と関わりながら，いじめについて授業をする必要があるのではないかと思います。

3　これからのスクールカウンセラーのあり方

現在，文部科学省では「教育相談等に関する調査研究協力者会議」が立ち上がっています。報告書「児童生徒の教育相談の充実について～学校の教育力を高める組織的な教育相談体制づくり～」が，文部科学省のホームページに出てきます。

今，文部科学省はチーム学校といって，スクールカウンセラーだけではなく，スクールソーシャルワーカー，この2つを同時にうまく活かして地域ではスクールソーシャルワーカーにも活躍してもらおうということを考え始めてい

ます。

　この中に資格に触れているところがあります。スクールカウンセラーの必要な資格としては，心理の国家資格で公認心理師が挙げられています。そして，これまでスクールカウンセラーとして担ってきた臨床心理士等の実績を踏まえると共に，不登校，問題行動の未然防止，集団の取り組みを主な職務とするガイダンスカウンセラーの実績等を踏まえることが指摘されています。ガイダンスカウンセラーの実績を踏まえるという文言が入ったのです。これは大変なことなのです。

　この会議にはスクールカウンセリング推進協議会の方が委員として入っています。私もいろいろ資料を出したりしました。そこでいろいろ話し合っていただいて，報告書には，臨床心理士だけでなく，ガイダンスカウンセラーの実績も踏まえていきますという文言が入りました。

　そしてこれからのカウンセラーは，未然防止，早期発見，早期支援の対応への体制，こういうものができるカウンセラーになっていきましょう。さらには教育相談コーディネーターというものを学校の中に作ってはどうですかということが指摘されています。ですからこの報告書は，これからのスクールカウンセラー制度がどういう方向で動いていくかということが示されているのです。

4　まとめ

　これまでカウンセリングは，子どもの気持ちや考え方を尊重するということを大切にしてきました。さらにこれからは，カウンセリングを集団の力を活かすために使うことを考える，ここでは，気持ちを大切にするだけではなく，関わりを生み出すためにカウンセリングを使うという考え方です。触れ合いをつくっていくカウンセリング，ある意味で集団づくりです。

　私は，実は上越教育大学大学院での修士論文のテーマが構成的グループエンカウンターなのです。その関係で『月刊学校教育相談』に構成的グループエンカウンターの記事を書かせていただきました。これなんて凄いですよ，ブーム

になる前に1年間連載したんです。3年前には『10分でできるなかよしスキルタイム35』を発刊しました。また今年の3月には『スペシャリスト直伝！　小学校エンカウンターで学級づくりの極意』を出版しました。これらの本をスクールカウンセラーの人間関係づくりや学級集団づくりに大いに活用してほしいと思っています。

　これからのスクールカウンセラーというのは，個別面接だけではなく，開発的に集団指導，組織のチーム対応，コンサルテーションもできるようにしていきたいと思っています。すでに発生した問題に対する個別面接だけでなく，予防・開発的に，教室での集団指導や学校組織でのチーム対応，教師へのコンサルテーションなど多様な方法を用いて，学校教育の充実を目指すようにしたいのです。そして未然防止，早期発見，早期支援の対応ができるスクールカウンセラーになっていきたいと考えています。

［参考文献］
教育相談等に関する調査研究協力者会議「児童生徒の教育相談の充実について〜学校の教育力を高める組織的な教育相談体制づくり〜（報告）」平成29年1月
http://www.mext.go.jp/component/b_menu/shingi/toushin/__icsFiles/afieldfile/2017/07/27/1381051_2.pdf
水上和夫『月刊学校教育相談』連載「学級経営に構成的グループ・エンカウンターを生かす」（1994.4月〜1995.3月12回連載）ほんの森出版
水上和夫　『指導と評価』連載「『学校力』『教師力』アップセミナー」（2016.4月〜2017.3月11回連載）日本教育評価研究会
水上和夫（2016）スペシャリスト直伝！　小学校　エンカウンターで学級づくりの極意 明治図書出版
水上和夫（2013）10分でできる　なかよしスキルタイム35 図書文化社
水上和夫（1992）第2章第1節　楽しく取り組み，気づきから生まれる仲間づくり　國分康孝編　構成的グループ・エンカウンター　誠信書房
文部科学省国立教育政策研究所生徒指導・進路指導研究センター編集（2012）「生徒指導リーフ　いじめの理解　Leaf.7」「生徒指導リーフ　いじめの未然防止Ⅰ　Leaf.8」
文部科学省国立教育政策研究所生徒指導・進路指導研究センター（2016）いじめ追跡調査2013-2015いじめ Q & A

第4章

子ども，保護者，教職員のためのスクールカウンセラー

——子育て支援を意識した関わり——

横澤富士子

1　私が一番大切にしていること

糸魚川市の子どもの教育相談員，そして，新潟県のスクールカウンセラーをしています，横澤富士子と申します。

今日は，スクールカウンセラーという立場から，いろいろとお話させていただければと思っています。

いきなりですが，私の《一番大切にしていること》について，まずはお伝えしたいと思います。

それは，「スクールカウンセラーとは，誰のためのスクールカウンセラーなのか？」ということです。

この答えは，私の中で，はっきりしています。

ズバリ‼「子ども，保護者，そして，学校の教職員のためのスクールカウンセラー」にほかなりません。それ以外には考えられないと思います。

2　気持ちが引き締まる会

スクールカウンセラーのお話を始めるに当たって，新潟県のスクールカウンセラー事業連絡会について，簡単にご説明したいと思います。

新潟県では，生徒指導上の最重要課題であるいじめ・非行等の問題の解消や

不登校への適切な対応を目指して，県内のすべての中学校にスクールカウンセラーが配置されています。

　毎年４月にはスクールカウンセラー事業連絡会があり，担当の先生とカウンセラーとの面識会があります。スクールカウンセラーは，年間学校訪問予定案を準備して参加します。

　それから，これも毎年のことですが，新潟県教育委員会の義務教育課の職員の方からの説明があります。一つ目は，スクールカウンセラー等活用事業の趣旨。二つ目は，スクールカウンセラー等活用事業について。三つ目は，スクールカウンセラー等の制度について。

　またこの事業を有効に活用するために，具体的な活用の仕方とスクールカウンセラーの専門性と外部性について丁寧に説明してくださいます。

　さらに，スクールカウンセラーの受け入れに当たり，学校が受け入れ体制を整える準備がスムーズにできるように日常の対応まで示されてあります。

　私は初めてスクールカウンセラーに着任したときに，この事業連絡会はとても親切に感じました。

　毎年４月に実施されるこのスクールカウンセラー事業連絡会に参加する度に，初心を忘れず，自分のスクールカウンセラーとしての立ち位置と目的を再確認することができます。私の中では，この会合のことを，年度初めの「気持ちが引き締まる会」と呼んでいます。

3　スクールカウンセラーの仕事

　私は，平成11年から糸魚川市の訪問指導員として不登校の子どもの家庭訪問からスタートしました。その後に，平成17年からスクールカウンセラーになりましたので，早いものでもう12年目になります。

　そこで，私が行っているスクールカウンセラーの仕事の内容について，お話させていただきたいと思います。

　大事なポイントは，以下の三つになります。

①　学校職員との信頼関係

②　生徒・保護者へのカウンセリング

③　職員研修や授業への参加

順を追って説明していきましょう。

①の学校職員との信頼関係ですが，窓口になる担当の先生との話し合いで学校のニーズをまず把握するというのが，最初の仕事になります。

窓口の先生は誰かというと，実は，養護教諭の先生であったり，不登校対応の先生であったり，学校によっては生活指導の先生であったり，時には教頭先生が窓口であったり，学校の規模によっても担当の窓口がいろいろです。

その先生と私がうまくやっていけるかどうかで1年間の居心地の良さというか，その学校の役に立てるかどうかの，鍵を握っているという気がします。ありがたいことに私は，担当の窓口として出会った先生方に，これまで十分に恵まれてきたなあ，と感じています。

②の生徒・保護者へのカウンセリングですが，私が勤務したA中学校の取組をご紹介します。A中学校では，全校生徒へのリレー相談を実施しました。これは小規模校だからこそできた試みです。

一人の生徒に15分から20分のカウンセリングを行います。スクールカウンセラーを知ってもらうことが目的で，話題がなくても1対1の個別面談を，1年かけてじっくりと実施しました。

リレー相談を実施してからは，予約して相談室を訪れる生徒や，僅かな休み時間に訪れて好きなアイドルの話や，友人関係，家族関係，進路相談，自分の夢の話などをしていく生徒が増えました。親でも教師でもない第三者だからこそ話せる内面的なこともありました。

おかげで，スクールカウンセラーとの距離感が近くなり，子どもからは身近に感じてもらい，気軽に話しやすい存在になったように思います。1年生から3年生までどの学年にも継続相談に繋がる生徒ができました。

　また，保護者にスクールカウンセラーの年間学校訪問日と予約方法のお便りを配布しました。保護者には，そのお便りを見て相談してみようと自主的に訪れる方と，担任からお声をかけていただいて来てみようと思って来た方がいます。いずれにしても，学校が主体的にスクールカウンセラーを上手に活用しようとしてくださるおかげで，勤務時間はあっという間に過ぎていきました。

　③の職員研修や授業への参加ですが，これはいろいろな試みをしています。
　まず，Q-U の校内研修を夏休み中に実施しました。また，先生方からの要望により，1年生から3年生まで年間1回から2回の授業を実施しました。時には担任と一緒に自己理解を深めようということで，エゴグラムを実施しました。アサーショントレーニング，ストレスマネージメント，反抗期はなぜ起こるのか，などの授業もやりました。
　授業を行うにあたって，知識を教えることよりも，今この時間を共有すること，一人ひとりが感じていることを集団で共有することを，私は大切に考えました。しかし，目の前にいる生徒さんの心に何が残るのか，年に1回や2回の授業で何を伝えられるのかは，今でも私の課題です。
　とはいえ，生徒に授業をしてほしいと願う担任の先生の思いと生徒さんたちのニーズは，どうやら一致したようです。授業への感想を見せていただいて分かったことですが，たった1回の授業であっても，子どもたち一人ひとりの心に私の伝えたかったことがちゃんと響いている，という実感を得ることができました。
　真剣に聴いてくれる中学生のまなざし，とても純粋にスクールカウンセラーと向き合ってくれたことが，私にはとても嬉しく感じます。
　実は，私は大学を卒業してから高等学校の商業科の教員を2年ほどやりまして，その後，結婚のために糸魚川に嫁いできました。そのときの私は，「とても先生の仕事はできない」「先生には向いていないな」と，そんなふうに思っていました。それで，結婚して家庭に入ることを決めたのです。そんな私が今，スクールカウンセラーとして授業をしているのが，自分でも信じられない

くらいです。人生とは不思議な感じがします。

　さて，私の授業を聞いた生徒たちから，自分よりも親に聞かせたい授業だったという感想をたくさんいただきまして，保護者への子育て講座もやりました。タイトルをいくつか挙げますと，「思春期の子どもとの向き合い方」，「反抗期の意味と上手な関わり方」，「子どものやる気を引き出すコツ」，などがあります。

　スクールカウンセラーとしてではなく，私が授かった3人の子どもの母親としての体験と相談室で関わった子どもたちから教えていただいたことが，子育て講座の根っこになっています。

4　関わった子どもたちから教えていただいたこと

　さて，私がスクールカウンセラーとして関わった子どもたちから教えていただいたことを，思いつくままに列挙してみたいと思います。これらは，私がスクールカウンセラーとしてとても大切にしている子どもたちの声です。

・お母さんに愛されたい。認めてほしい。甘えたい。反抗してしまう自分が許せない。
・自分の気持ちを話せない。自分の思いはあるが話さない。気持ちをため込みすぎて心が真っ黒。理由もなく泣けてくる。
・反抗できない。家庭で良い子を演じてしまう。学校で悪い子。本当の私はどっち？
・感情のコントロールができない。分かっちゃいるけどやめられない。どうしたら，自分を抑えられるの？　イライラする！　ムカつく！　ウザ！
・対人関係が苦手。友達と仲良くするにはどうしたらいいの？
・何で勉強するの？　数学は大嫌い！　何で（担任の）先生は数学の先生になったの？
・みんなと仲良くなんてできない。一人がいい。一人でいるのが気楽でい

い。

　私が経験した中では，最初の「お母さんに愛されたい。認めてほしい。甘え
たい。反抗してしまう自分が許せない」という声が，最も多いのです。中学生
くらいになると，やはりもやもやしてしまうのです。これを「葛藤保持力」と
いいます。

　子どもたちが解決したい問題はすぐには解決しません。スクールカウンセ
ラーの所に相談に来たところで，１回２回のカウンセリングだけではとても解
決しません。「じゃあどうするの？」ということになるのですが，このもやも
やした葛藤を抱えながら《生きていく力》を育んでいくほかありません。この
ことが今の子どもたちにはとても必要だと私は考えています。

　今は，子どもも少ないので，親子の密着度がとても高いのです。何か問題行
動，あるいはいじめられた，いじめたというようなことが起きると，子どもは
自分で葛藤を抱えることができず，すぐにお母さんに助けを求めます。

　でも，それはそれで構わないのです。その子どもの思いを受け取った保護者
が，「ああ，悔しい思いしたね，切ない思いしたね」と受け止めればいいので
すから。つまり，受容です。

　ところがそれができない。「分かったわ，すぐに電話しましょう」と，担任
の先生に「うちの子どもはこう言っています」ということで，問題を解決する
お母さんになってしまうのです。

　不安だった子どもは安心します。しかし，これでは子どもの葛藤保持力は育
たないし，問題解決能力も伸びません。

　私自身も，親としては，子どもの話を客観的に冷静にじっくりと最後まで丁
寧に聴くことがとても難しかったことを思い出します。子どもが葛藤を抱えた
ときこそ最大の成長のチャンスなのです。

5　子どもと関わるときに大切にしてきたこと

　次に，私が子どもと関わるときに大切にしてきたことを話したいと思います。

　一つ目は，子どもの話を最後までじっくりと聴くことです。葛藤保持力のある子どもに育ってほしいという願いや思いがあるので，とにかく話を聴きます。問題解決の力は子どもがもっています。そして，保護者が鍵を握っています。特にお母さんです。

　二つ目は，子どもの主訴は何かを明確にすることです。子どもが私に望むことは何か。答えは子ども自身の中にあります。子どもの気持ちを分かろうと努力する姿勢が，子どもの立場からは，「この人は敵ではない。味方だ」と感じてくれる。その瞬間から心の扉が少しずつ開いてくれて，話してくれます。自分を表現してくれます。

　皆さんもご存じの通り，わが家の長女横澤夏子はお笑い芸人になりました。夏子は高校3年生のときに芸人になる夢を見つけましたが，目標ができた時点で子どもは自分から動き出す，行動ができると，私は感じております。

　未来のことは誰にも分からない。親くらいは自分の子どもの可能性を信じてあげる。共に考えることや共に行動して，子どもが望むサポートをしてあげる。子どもの夢や目標が出てきたら，自己決定，自己責任，自立に向けて寄り添い，任せて待つことが大切だと思います。

　特に中学生から高校生の時期は，思春期と呼ばれる時期です。自分の生き方を模索している状態です。この時期は，子育てをしてきた私の経験から言わせていただくと，大人としても親としても試されていると感じます。

　子どもは，甘えと反抗を行ったり来たりしながら育ちます。この時期は，親や先生から教わったことを一度壊して新しい自分の考え方や価値観を再構築する，自分探しの時期です。

　この時期は，子どもの気持ちも様々です。エネルギーが外側に向かう子どもは，身近な大人のせいにしたり，友達のせいにしたりして，他者に攻撃的にな

ります。一方，自分の内面に向かう子どもは，自分を静かに見つめています。また，無気力になる子どももいます。自己コントロールの難しい時期だと思います。思春期は心も体も大人になるために自分との付き合い方を自分で模索している時期であり，とっても大変なのです。

　そんなときは，どっしりと構えたぶれない大人が近くにいて寄り添ってくれると，子どもは安定します。実は親も安定します。

　今はいろいろな家庭の背景があります。頭では思春期の子どもを理解したいけれども，なかなかできない。自分の子どもには厳しさばかりで，優しさが出てこない。葛藤保持力という自分で問題を解決する力が落ちていることに気がつく。親が自分の問題を抱えていられない現状があります。

　ですから，そういった意味では，スクールカウンセラーが保護者の話を聴くことは，とても大切な役割です。特に私は３人の子どもを授かったので，お母さんとしての立ち位置を強く意識しています。

　上級教育カウンセラー，学校心理士，ガイダンスカウンセラーと，いくつかの資格を取りましたが，私は，言うなれば「お母さん」という資格で，保護者や子どもと，あるいは先生と向き合っています。

　教員をしていたときに，「自分には教員は向かないな」と私が思っていたのは，「人を評価したり，点数をつけたりというのが，なかなかできないな」というところに気がついたことが挙げられます。しかし，それ以上に辛かったことがあります。学校の教員は，教科教育以外にも生徒指導，さらには躾までしなければなりません。小学校へ行きますと，ハンカチちり紙まで用意している先生もおられます。「でも，それって，本当に先生がやることなの？」と，私は疑問に思ってしまいました。

　躾というのは，本当は親の力，家庭の力でしょう。親の力，家庭の力こそ，子どもの発達にはとても重要なのです。

6　愛着理論と反抗期の意味

　子どもの成長にとって最も大切なことは，人格形成の根っこになる「愛着形成」です。難しい言葉ですね。

　簡単に言えば，「ああ，自分は愛されている」「僕は（私は），大切な存在なのだ」という感覚が芽生えるということです。これは，イギリスの精神科医ジョン・ボウルビィが唱えた「愛着理論」に由来しています。

　ボウルビィによると，0歳から2歳までに親からの関わりの中で愛情を十分に与えられたお子さんは，人格の根っこができる，といいます。

　「愛されている僕は大切だ」と思う子どもは，自分を信じられる子どもに育つのです。どんな困難があっても，自分の力で乗り越えますし，人を殺めたり，自殺したりする子には育ちません。この愛着理論は，生き方としても，カウンセラーとしても，私の大きな根っこになっています。

　ところで，この話をすると，「えっ，0歳から2歳！　もう間に合わないわ，手遅れよ。どうしたらいいの？」という質問をよく受けます。また，「お母さんと子どもの絆が大事です！」などと強調すると，お父さんからも質問されます。「切ないな，横澤さん。お父さんだって頑張って子育てしているのに。お父さんの役割はないの？」などと言われたりします。

　でも，大丈夫。心配ご無用です。

　愛着理論に革命的なことをおっしゃってくださった先生がいます。和歌山大学の米澤好史教授です。米澤先生は，愛着障害のあるお子さんたちのフォローを通して，なんと，0歳から2歳までと限定的だったボウルビィの愛着理論を打ち破ったのです。何歳からでも，それから，母親でも父親でも，あるいは親でなくとも，子どもとの信頼関係さえ築くことができれば，いつでも愛着形成はできるというのです（米澤，2015）。

　「ああ，俺は，両親から大切にされているな」「私，この先生からかまってもらえて，うれしい」などと子どもが感じること。ここがポイントです。

　だから，子育ては大変なのです。愛情がなければ，次の躾が入りません。こ

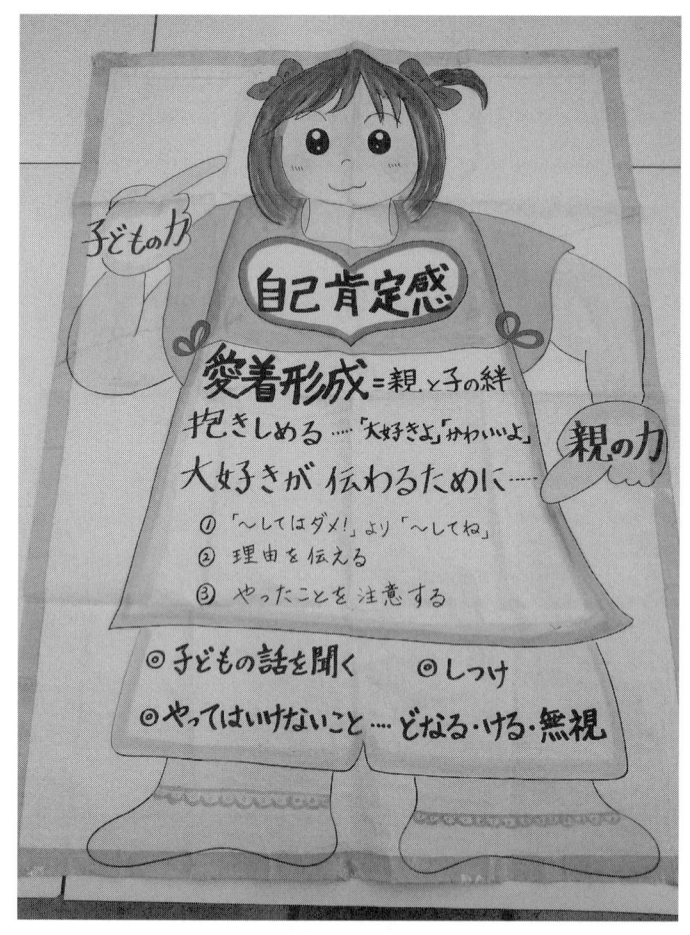

図4―1　愛されることの大切さ

のことは，お母さん方にはとくに強調しています。

　でも，面談のときには言いません。面談では，聴いて，聴いて，聴いて，聴き続ける。このお母さんが何を解決したいのか，その訴えを丁寧に徹底して聴いていきます。そうすると，お母さんは，子どもへの愛情の大切さに自分から気づいていかれます。

　子育て講演会のときは，カウンセリングとはまた違った熱が入るのです。そ

こでは，私はこんなふうに語ります。

「言うまでもなく，子どもはみんな生きる力をもっています。どんな障害があろうと，どんなお子さんであっても，生きる力はあるのです」

それから，もう一つ大事なことを，私は強調します。

「でもね，子どもの生きる力だけじゃ足りないの。親の力が，家庭の力がどうしても必要なのです」とお話させていただきます。先生方の力は二の次です。ごめんなさいね。先生方も一生懸命頑張っているのですが，それよりもまず，家庭です。根っこは家庭の力なのです。

そういった意味から，子どもが「おぎゃー」と産まれてから今に至るまでの生育歴を，私はよく聴いていきます。それから，子どもが自分自身をどう見ているのか，というところもしっかり考えていきます。

愛着形成が築かれていて，信頼関係の土台ができていれば，子どもは自分で失敗を繰り返しながらも育っていきます。自分の問題をなんとか解決しようとします。

子どもだってより良く生きたいと強く願っています。けれど，それを聴き役になる親，あるいは先生，じいちゃん，ばあちゃん，地域の大人たちが，やっぱり，聴いて受け止める力をもっていないと育たないと思います。

大人は，すぐに「解決してあげよう」と思ってしまいます。良かれと思って，簡単に手を差し伸べてしまう。つまりは，過干渉です。

過干渉はダメ。でも，過保護ならオッケー。過干渉がなぜダメなのかというと，これは先回りの支援だからです。それでは，子どもは育ちません。どんどん赤ちゃん返りしてしまいます。

子どもがどんどん伸びていくためには，子どもに愛情を注いだ上で，ダメなことはダメだと，ちゃんと躾をやらなければならないのです。

子どもは大人が枠づけをしてやらないと，どんどん悪くなってしまいます。社会のルールの前に家庭のルールをまず親が教える。厳しく教えてあげないと子どもは分かりません。

これは，『子育てハッピーアドバイス』（明橋，2005）で有名な富山県の精神

科医，明橋大二先生の考えです。スクールカウンセラーも経験され，子育て支援のエキスパートである明橋先生は，「子どもの心は，一言で言うと，依存と自立の繰り返しで成長していく」とおっしゃっています（明橋，2002）。

　子どもは，不自由な世界を生きているとはいえ，親に依存して，安心して，いっぱい甘えると，やる気や意欲が湧き上がってきます。でも，そうなると今度は，親の望むことと自分のやりたいことの違いに気づいて，不満が出てくるのです。そして，親に対する最初の反抗をします。一般的には，3歳前後です。また，小学校1，2年生くらいでも，同じような感覚から反抗することがあります。これを「中間反抗期」といいます。

　それから，思春期の反抗がやってきます。

　これは自立のための最後の反抗といっていいでしょう。だから，ここでは親はとことん踏ん張らないといけません。ひとり親ならば，誰かサポーターの力を借りて，スクールカウンセラーでも担任でも誰でも構いませんから，支えられながらとにかく踏ん張ってください。

　反抗が激しさを増していくと，子どもは自由になったと思いこんで，親から離れていきます。親からすればちょっと寂しいものですよね。寂しいけれど，「自分でやれるものならやってごらんなさい」と突き放し，失敗を覚悟で子どもの自由にさせる勇気が必要でしょう。信じることです。

　けれど，そうなってくると，中学生ならどんどん調子に乗ります。「やったあ，親を負かしてやったぞ。俺

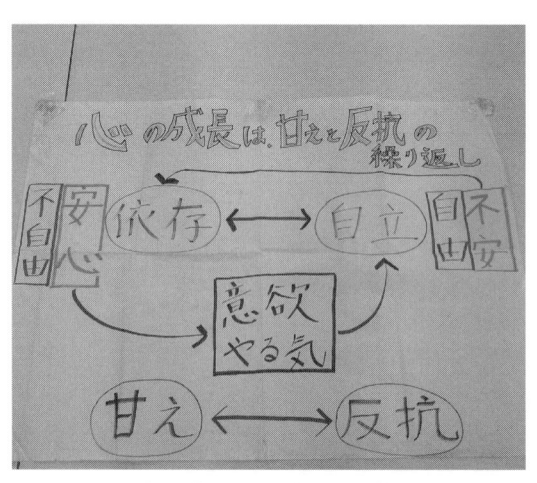

図4—2　心の成長は，甘えと反抗の繰り返し
〈明橋大二先生『思春期にがんばってる子』（2002, p.65）使用の図を参考に〉

の天下だ！」と，天狗のような気持ちになるわけです。でも，やっぱり子ども
は子ども。じきに不安になって，「お母さーん」と言って，甘えて戻ってきま
す。甘えて戻ってきたら，受けとめてあげる親の心の広さが問われます。

　今は，親に反抗しないで，先生方に反抗する中学生がとても多いです。そう
いう先生は選ばれし先生です。ぶつかっても響かない先生に子どもは反抗しま
せん。「どうして私，こんなに生徒たちに反抗されるのかしら」と嘆かれる先
生がいます。「なんで私ばっかり」って，ぽろぽろ涙を流す先生の話を聴いて
いると，こちらも切なくなってきます。けれども，その先生は，やっぱり選ば
れし先生なのです。

　子どもは全身全霊で大人になるために，先生にぶつかる。ここには大きな意
味があるのです。本心は「僕を愛してよ」「私を愛してよ」「僕を信じてよ」と
言いたいのです。

　心の成長は，甘えと反抗の繰り返しから起こるものです。

　だから，嘘もつくし，やってもいない悪さをでっちあげる。カウンセラーの
立ち位置からすると，「ああ，嘘ついているな」と思ったとしても，決して問
い詰めたりはしません。嘘だろうが，どんとこいです。子どもが，どんなこと
を言っても受け入れます。ロジャーズの言う「無条件の肯定的配慮」。受容と
共感です。

　相談室という安心安全の枠組みの中で，自由に自分を表現して心の中の感情
をしぼり出してほしい。それが私の願いです。子どもは自分の気持ちを分かっ
てほしいといつも願っています。私の務めは，ただ分かろうと努力すること。
それは，相談室という空間の中で，子どもたちに自己表現をしてほしいからに
ほかなりません。

7　子どもの自立のためのアセスメント

　ところが，最近，私が困ってしまったのは，命ぎりぎりのところで，親にも
担任にもぶつかることのできない子どもでした。

「横澤さんなら分かってくれるだろう」ということで，担任の先生が，一人の生徒を相談室に連れてきました。

私がやることは決まっています。その子の話を丁寧に聴くだけです。それから，その子の健康度を診ます。「自分で生きていける子かな」，それとも「放っておくと死んでしまう子かな」と，慎重に見極めるのです。

専門的な言葉でいうとアセスメント，見立てです。

見立てはとても大事です。見立てをしないで支援を行うというのは，包丁や鍋が揃っていないのに高級料理を作ろうとするようなものです。

それではどうやって見立てるのかといえば，まず事実を確認します。「事実は何？」ということです。具体的に言うと，その子に「何が起こっているの？」と注意深く見極めていくのです。その子の話をじっくりと聴いていくと，やがてその子の主訴が明確化していきます。何が一番困っていることなのか，どうして苦しんでいるのか，その子の本当に解決したいことは何なのか，少しずつ分かってきます。

もちろん，ただお喋りにくるお子さんもいます。何も問題なく，普通のお喋り，雑談で帰っていきます。でも，問題を抱えている子どもは，「いや，学校に来てみたけどさ，本当はもう帰りたいんだ……」などと言ったりします。

その子は，中学3年生で，受験を控えていました。

「親からも担任からも，勉強しなきゃ，もうやばいぞ，ってうるさくて。だけど，本当に高校に行きたいのか，自分でもよくわかんねえし。行ってもつまんなそうだし，行かなくてもいいんじゃねえのって思っちゃう。」

そんなふうに言われたら，皆さんどうしますか。「本当は行きたくないんだね。辛いんだよね」って言いますか。私はそうは言いません。

黙って，その次の言葉は何が出てくるのだろうと思いながら，待つのです。

沈黙は大事です。沈黙は言葉以上に大事なのです。だから，「うーん……」というような形で受け止めます。

言葉で受け止めるときもあるけれど，まずは私の中で，「高校に行きたくないよ」「学校も行きたくないよ」という，お子さんの思いを受け止めます。

　すると，この子の次の言葉が，こんなふうに続きます。

　「でもさ，今日来たのはさ，担任が来いっていうからさ。」

　「あっ，担任の先生と約束をしたのですか？」と聴きたいところだけれど，また黙って，次の言葉を待ちます。

　そしたら，「だから俺は，わざわざ来てやったんだ」と，その子は言いました。これが中学 3 年生です。中 1 はこんなことは言いません。発達段階では中 1 と中 3 は全く違います。

　私が出会ったこの中学 3 年生の生徒は，まさに「ザ・思春期」という感じがしました。自分の心と体をしっかりと感じながら，担任の先生との関わりの中で理不尽だと思うことや自分の考えていることの違いに気がついて腹を立てていました。

　子ども自身が先生から理解されていると感じているかどうか。自分の気持ちを安心して信頼できる人に表出しているかどうか。

　身近な大人との関係の中で安全基地ができると，思春期に安心して自分探しができると思います。思春期にもう一度自分が大事にされていると感じる体験が大事なのです。

　やがて，この生徒は，担任の先生と心と心でぶつかり合い，互いに歩み寄るような経験をしました。どうやら，大人になるために安心して自分の本音を出して分かち合うことを実感したようです。

　私の経験では，ほとんどの子どもは，本音のところは「高校に行きたい」と思っています。この中学 3 年生も結局はそうでした。「学校なんか行きたくない，先生なんか大嫌い！」と言っているけれど，本当はその逆です。どんなに苦しくても，学校に行きたいし，先生も大好きなのです。それが，私が出会った子どもたちから教えてもらったことなのです。

　「お前なんかあっちいけよ！」，「うるせえな！」などと言っている子どもほど，先生のことが大好きなのです。先生が大好きだからこそ，そうやって反抗して，ぶつかってくるのです。

　これに反応して，「なんだと！」「何を言っとる，ふざけるな！」などと言っ

てしまう先生は，まだまだ若い。でも熱いものがあります。子どもは，先生の反応をよく見ています。熱く反応してほしいんです。それがうれしいんです。

「全身全霊で大人になるために，もがいている自分に向き合ってほしい。」

そういう気持ちを思春期の子どもたちは自己表現しているんだと思います。だから，荒っぽい言葉に惑わされなくていいんです。

素直になれない子どもの言葉の裏側にある思い，そして，願いを聴きとるのです。

「この子はどうして，『高校なんてつまんない。行くの，やめるわ』なんて言ってきたのかな。しかも，この時期に，みんなの前で」と。

「個別に言ってくれよ」と，先生は思うかもしれないけれど，ただみんなの前で粋がっていたいだけなのです。だって，中学生なのですから。

本当の気持ち，自分の願いがあるのだけれど，それを言ってしまうと恥ずかしいし，そこからやっぱりズレていってしまう。

理想の自分と現実の自分とがズレていくと，そこに悩みが起こるのです。

それではどうするのかといえば，何度も言いますが，見立てです。この子はどういう状態で，なんでこういう問題を引き起こしてしまうのか，どうしてこういう問題行動を起こすのだろう，こうじゃないかしら……，ああじゃないかしら……，ということで，アセスメントして，仮説を立てて，それに基づいて支援策を考えていきます。

時には，この見立てが間違ってしまう場合だってあります。でも，間違ったら，修正していけばいいだけです。アセスメントして，仮説を立てて，これを試行錯誤していくうちに，「じゃあ，具体的にこれでやっていこう」という方針が出てくるのです。

方針が出たら，その方針で1週間なり，2週間なり，やっていただきます。宿題を出すわけです。それから，その行動を起こせるかどうかの健康度も，同時にアセスメントします。

不登校の子どものお母さんとの面談では，「子どもにお手伝いをさせてみる」などという宿題を出すことがあります。でも，お母さんは，すかさず

「えっ，なんの手伝いをさせればいいの？」と聞き返してきます。

「だいたい，今は子どもと普通の会話すらまともにできませんから。」

「う～ん，子どもに伝えるのが難しいんですね。」

そのようなやり取りを繰り返しながら，それでも，「じゃあ，ゴミ出しなんかはうちの子どもにはとても無理だとしても，家の中では何かできることがあるかもしれないわ」と，そのお母さんは一生懸命に考えます。私も一緒になって，一生懸命に考えます。

そのうちに，「あっ，これならできるかもしれない」と思い浮かびます。

例えば，米とぎとか，お風呂掃除とか，具体的な生活の中でできることが思い浮かびます。そして，この宿題をちゃんとやってきてもらえれば，子どもだって，「お母さんの役に立った」「学校に行けないけど，家では役に立っている」という達成感を得ることができます。そうすることで，だんだんと心のエネルギーが回復してくるようになるわけです。

やっていただいたら，「お母さん，やってくださったのですね，ありがとうございます。どうでしたか」と，宿題を出したことに対して，その結果をお聴きします。そうすると，うまくいった，うまくいかなかった，というのがよく分かるのです。

このように私は，面談を通して，その家族がどうやって日々の生活を生きているのか，子どもはどんな思いでどんな願いをもって生きているのか，といったことに敏感になりながら，お話を聴かせてもらっているのです。

8　学校のためのスクールカウンセラー

スクールカウンセラーという立場は，どこまでも補佐役です。主体的に動いているのは，常に学校と家庭なのです。さらに，子ども自身が心のエネルギーを充足させて主体的に行動するケースもあります。

私は，学校や家庭，そして何よりも子どもたちにとって，本当に役に立っているのかな，といつも思いながら仕事をしています。

　今，病院の医師あるいは臨床心理士，児童相談所，教育相談センター，保健所，そして家庭児童相談員，行政の指導主事や保健師，いろんな職種の方々が，学校現場の教職員とチームで協働連携しています。

　いわゆる「開かれた連携」です。

　学校の中でも，開かれた連携は行われています。関係職員が３人なり，４人なり集まって，「横澤さん，今時間あるの？　面談入ってない？」とお声がかかれば，30分のケース会議の始まりです。「担任もいるな，じゃあ，今からここで集まろう。立ち話じゃなんだから，ちょっと奥に行って話をしようか」と言って，困り感をおもちの先生がお声をかけてくれます。窓口の先生が不在なら，教頭先生が入ってくださるときもあります。

　ケース会議では，「困っていることはこういうことで，現状はこうで，何が，どうなったらいいか？」というような形で現状把握をし，それから，先生の困りごとをお聴きして，アセスメントをして，仮説立てて，方針を立ててといったことを，先生方とやります。

　原因探しではなく，「どうしたら良くなるか」について，いろいろな角度から見極めて，方針や目標を設定していきます。いつまでに，誰が誰に何をやるのか，短期目標や長期目標を定めて，定期的なケース会議も実施できればしようというように，次々と決まっていきます。

　こうなれば，もう安心して子どもや保護者との関わりができます。それに，スクールカウンセラーの次回の学校訪問時には，先生のほうからケースの変化について報告してくださいます。

　ケース会議は，個別の支援が多いのですが，スクールカウンセラーがリーダーシップを取って，「ああしなさい」「こうしなさい」ということはありません。先生方から子どもの様子を教えていただくことによって，その子どもの良いところに焦点を当てることができ，私が気づいたことや感じたことをお伝えします。また，私はどちらかというと，先生方のお話を整理する担当です。先生から，「こうしたい」「ああしたい」と，いろいろな意見が出るようになれば大成功だと思います。

　スクールカウンセラーとして，私が一番嬉しいこと。それは，問題を抱えた子どもや保護者，教職員と一緒に解決に向けて関わっている時間です。ご自身の課題に一緒に取り組みながら，思いもよらなかった解決策に，気がついたときです。私も学ばせていただいた気持ちになり，一番嬉しい時間です。

　そのためにも，私は，自分自身の感じる力や専門性を学び続けていこうと思っています。

［文　献］

明橋大二（2002）　思春期にがんばってる子．1万年堂出版

明橋大二（2005）　子育てハッピーアドバイス．1万年堂出版

米澤好史（2015）　愛着障害・愛着の問題を抱えるこどもの理解と支援．日本学校心理士会年報．第8号（2015年度），17-28

第5章

「スクール」という臨床

——Being…在りつづけること——

戸田　弘子

1　スクールカウンセリングと阪神間という地域性について

　今日でははるばる関西からやってきました。普段は，神戸の周辺でスクールカウンセラーをしています。臨床心理士です。

　私の実家は兵庫県西宮市で，現在は隣の宝塚市に住んでいます。この神戸の近隣地域は，1995年に阪神淡路大震災に見舞われました。ちょうど国がスクールカウンセラーを導入した年です。これらには相関関係があると思います。

　心理職の災害支援の有効性を認めてもらうには，まず「PTSD」概念を広く社会に知っていただくことが重要でした。激甚災害に見舞われた子どもたちのPTSDを癒すには，「心のケア」をしなければいけない。それをするのが心理職だと，「心の専門家」を自認する人たちは思ったのです。先走って被災地に入り，かえって迷惑をかけた人も中にはいましたが，当時日本臨床心理士会会長だった河合隼雄さんは，組織的な被災地支援に尽力しました。

　河合さんへの恩義もあり，阪神間ではスクールカウンセラー職が臨床心理士に特化されることとなりました。河合さんはこの1995年に国際日本文化研究センター所長に就任，その後文化庁長官ともなり，臨床心理士を社会に認知させ国家資格化を目指そうと努めていきます。

　あえて言葉を選ばなければ，臨床心理士をスクールカウンセラーへと売り込むことに，災害が好機をもたらした，ということになります。

2 「カウンセリング」と精神医療との関係

　水上先生，横澤先生が，スクールカウンセリング現場のお話を十全に尽くしていただき，私から新たに申し上げられることはほとんど見当たりません。先生方のお話にそうだそうだと頷いているうち，喋ることがなくなっていて……。

　なので，今日私のほうでは，スクールカウンセリングに関わる医療のお話をいたしたいと思います。現場の実践事例ではなく，心理職の資格問題や歴史的経緯が主になってしまいそうですが，お許しください。

　臨床心理士には元々，医療つまり精神科・精神科医と並立する，むしろ対抗する，という意識が少なからずありました。カール・ロジャーズはご存じのように，当時のアメリカの精神医療の主流であった精神分析に対し敢然と異議を申し立てました。ロジャーズの創始した「カウンセリング」技法は，素人ができる，医師という専門家でなくてもできるという前提で構築されています。だから，カウンセリングと精神医療は，はじめから水と油なのです。

　その両者が，同じ対象や問題を扱い，同じ頂上を目指そうとします。つまり，人の心の健康を回復させ，「治療」しようとします。……この「治療」という言葉は，臨床心理士にとっては今もなお，自粛対象用語となっています。

　用語の問題を少し述べます。臨床心理士には「臨床」という語が入っています。けれども，2015年9月9日に成立した日本初の心理専門職国家資格の「公認心理師」，この名称には「臨床」が入っていません。そこには，いろいろな事情があります。これらについては，後で少し触れられればと思います。

3 公認心理師は医師の指示に従う国家資格

　長い年月を経てやっと国家資格となるまでには，精神医療利権者側，日本精神科病院協会等からの圧力がありました。それと平行して，臨床心理士にとって不幸な出来事が続きます。

　まず2004年に学会事務センターが倒産。河合隼雄会長が率いる日本心理臨床学会以下，臨床心理士国家資格化を中心的に推し進めていた複数の心理系学会の預託資産が消失するという大事件がありました。

　翌2005年に，「医療心理師」創設に向け日本精神科病院協会の御用組合が動きました。そして2006年，日本心理学会の国家資格推進担当部局が「人事体制強化」され，医療系職能者団体の代表らが担当役員に入れ替わりました。

　その後十年，いろいろあった末にやっと国家資格化が目前となり，そこで医療既得権者側は，「42条2項を通せ！」と。

　その条項に何が書いてあるかというと，「医者の指示に従う」。それがないと資格化は無理だと。そして最後の最後に，その条件を呑んだのです。臨床心理士を国家資格にしようとしてきた人々も……。

　こちらの話になると違う方向へと分け入ってしまいそうです。「臨床とは？」という辺りにいったん戻って，その次のお話を致しましょう。

4　「臨床」とは何か？…Being

　臨床とは何か？と問うたとき，河合さんの弟子なら……。私の心理臨床の指導教官は河合隼雄さんの直弟子だったので，私はその孫弟子？になるのかもしれないのですが……，恐らく河合先生の言葉に倣い，このような自問自答の談話を披露するようです。

　「臨床とは何ぞや」と聞かれたら，その答えは，「ベッドサイドで〈死〉に寄り添うこと」なのです。〈死〉とは，死を包み込んだ生ということでしょう。

　学部の臨床心理学講座の初めに，河合隼雄さんのお子さんの先生方は，たいがいそう言うのだそうです。私も初めて聞いたとき，びっくりしました。が，そのびっくりが強烈だったせいか，自分自身もときどき使いたくなって使っています。そうやって流儀の伝統は，連綿と続いていくのかもしれませんね。

　その「臨床」の語が，この頃は様々な学問領域の中で使われています。臨床

社会学，臨床哲学など，「臨床○○学」をよく目にするようになりました。そこでいう「臨床」とは，要するに現場に密着し現場に在る，「存在する」ということですね。

　「存在する」あるいは「居ること」。そう，Being です。Being に対する言葉は Doing。Doing というのは実際的に積極的に何かをする。治療，例えば外科などは侵襲的な治療，外科のやっていることをもし医師以外がしたら傷害罪であり殺人罪に至ることもあるような，そういうものが Doing。極めて積極的で侵襲的な行為なのですが，そうではないこの Being，これこそが臨床心理士の「存在」意義である……，と。

　話は飛びますが，マザー・テレサ批判が死後に出てきています。「臨床」は元を辿れば宗教者の役割でした。宗教者が死の床に寄り添ってきたのです。マザー・テレサの言動がネット上で叩かれていますが，その多くは客観的事実だと思います。というより宗教者としては当たり前のことで，世間の皆さんが彼女に求めていることのほうが間違っているのです。マザー・テレサは治療者じゃない。Doing する人じゃない。マザー・テレサはあくまでも，苦しみを神から与えられた人に寄り添い，傍に居続ける立場の人なのです。

　だから，マザー・テレサの配下のシスターたちは評判が良く，本当に親身に寄り添って Being を実践していたようです。でも，裏で大きなお金が動いたり政治的な策動もあろうかと文句を言いたい人は言いますし，一理あると思います。ただし，その人たちは，彼女があくまでも「宗教者」だということを忘れています。

　もちろん本当のところはどうなのか，マザー・テレサ本人に聞いてみなければ分かりません。マザー・テレサのアイデンティティが宗教者以外の何者でもないとすれば，彼女に関して言われる「事実」は，謂われなき誹謗などではなく，第三者がそれぞれの価値観から云々する以前の，〈生の真実〉でしょう。

5 発達障害と医療

　ところで，スクールカウンセリングでは昨今，発達障害への支援が重要視されています。公認心理師創設の十数年くらい前から，発達障害概念が教育現場の中でクローズアップされてきました。

　発達障害に専門的に関わり得るのが，これから国家が認証する公認心理師である。そういう論調でこの新しい資格を捉えるむきが，発達障害概念に関して様々な立場を取る人々の中に見受けられます。

　この論調に対し，いささか留意を求めたいところがあります。私は，近県にある，重篤で「言葉をもたない」病者さんたちを代弁したラディカルな発信をする精神病患者会に出入りしています。といっても，ご飯作りを手伝ったりレクリエーションに入れてもらったりという，のどかなお付き合いです。そんな交流の中で，その方たちが，公認心理師ができたと聞きつけて，危機感をもっておられることが解りました。

　「診察室に『先生』が二人いたら敵わんねん。医者だけでもたまらんのに。」

　つまり，精神科に長くかかっている患者さんたちにとって，医者は基本的に「敵」なんです。いかに「敵」を巧みに操り，自分に有利に働いてもらうか。しかし，大きなジレンマは，その「敵」に社会的経済的な生活権，生存基盤を握られている，ということなのです。

　彼らのように，公認心理師なんて要らんという人もいます。また，医療が発達障害を扱い，そこで心理職が活用されることに危惧を抱く人もいます。

　利益を受ける側は賛成でしょう。資格化にしても診断概念の創出にしても。

　けれどもそれによって迷惑を被る，むしろ「とても困る」人もいるのです。その人たちの話もきちんと聞いてみないといけない，その人たちのことを決して忘れてはいけない，そのことだけは言っておきたいです。

　知人に私より少し年上の音楽関係の仕事をされている女性がいらっしゃいます。その方は中学1年生のとき，地元の大学病院精神科の主任教授の診断で閉鎖病棟に収容されたことがあります。強い光を浴びせての脳波測定，大量の投

薬，薬物注射によるショック療法等，生体実験のような体験をされました。

　入院までの彼女は中肉中背の健康体だったのに，1ヶ月の入院で，体つきが「異形」となり，視力などの機能まで損なわれてしまったといいます。

　毎食後お椀一杯の薬を無理に飲まされ，「言うことを聞かないと，独房（保護室）にぶち込むぞ」と暗に脅され，頭と足が見える小さいドアのトイレに看護師が付いてきて「薬を捨てるなよ，いつも監視されているぞ」と，システマティックに刷り込まれたと，その方は当時のご自分の体験を分析されています。

　弁護士であったお父さんが主治医に強く抗議し，幸い1ヶ月後に閉鎖病棟から退院できたのですが，その間に盛られた薬でその後の一生が暗転してしまわれました。腹部が異常に膨れ髪も真っ白という異形となって，思春期になったばかりの女の子の人生が，そこですっかり変わってしまったのです。

　彼女を入院させ「治療」した主治医は，発達障害研究の草分けの一人でした。その人が，多くの論文と著作を世に出すまでには，たくさんの子どもたちが凄まじい生体実験をされ，不可逆的な器質的損傷をもたらされ，症状悪化と名付けられる薬の副反応が複雑に重なった病状に落とし込まれ，命を縮めていったかもしれません。途上で亡くなってしまうこともあったのではないでしょうか。

　このような真っ黒の歴史を秘めたその大学病院児童精神科の中核的研究は，現在もなお，その伝統を継ぐ分子生物学的精神医学だそうです。

　彼女をはじめもの言えぬ子どもたちの人生や命そのものを，発達障害研究のために犠牲にした闇の歴史を抱えていても，医学発展に必須の過程であると称すなら，それらが罪として咎められることはありません。その大学病院では，カルテ電子化を契機に，以前の診療記録がすべて廃棄されていたとのことです。

　昨今，発達障害「治療」に定評ある病院で用いられる薬物療法では，子どもへの投薬が認可された薬物だけではなく，成人用に創られた統合失調薬等が無造作に処方されてしまっています。

　私の住む阪神間も，昔から子どもの発達や児童精神科医療の研究が熱心に行われてきた地域ですので，スクールカウンセリング場面では，子どもたちが関わる精神医療，特に服薬の問題と日々向き合っているのが現状です。

6　精神医療批判の標的となるスクールカウンセラー

　ここで，あるブロガーの記事を紹介したいと思います。

　この方は娘さんが中学生のときに学校で不適応となり，精神科を紹介されて服薬したところ人格が変容し，元の問題の解決から遠のき，余計に状態が悪くなったと考えておられ，「子どもへの薬漬け精神医療」を，断定的語調で徹底批判されています。

　このブロガー（お母さん）自身が，娘さんの治療と平行して女性の臨床心理士のカウンセリングを受けられ，その臨床心理士に，「母（私）自身に問題があると責められた，私のせいにされた」と深く傷つき，それが今もなお癒され切ってはおられないように，少なくともこの文章からはうかがわれます。

　実はこの方とは面識があり，SNSでも繋がりがあって，学校組織の「集団守秘」の枠組みや一般事例等の問い合せにお答えしたりしています。私個人を必ずしも嫌ってはおられないと思うのですが，いったん刷り込まれたスクールカウンセラーという役割への彼女の忌避感は，とても強く根深いものがあります。

　他にも例えば，精神医療を全否定するUさんという医師が，方略的にスクールカウンセラー批判をしています。「発達障害概念の流行に乗って，精神科医の手先となり利益を得るスクールカウンセラー」との趣旨のアジ文などをネットで発信しています。

　「スクールカウンセラーは，学校の問題として受け止めず，親や家庭環境に問題を押しつける。よくあるのは，子ども本人の問題とすること。性格等に問題が見つからないなら，脳の器質や機能の障害に帰する。いずれにしても子どもの閉じられた内側に原因があるとする。心の持ち方を変えさせて，現状の環

境に子どもの側を適応させようと仕向ける。なだめすかしや説得で改善できなかったら，つまり手におえなくなったら精神科医に繋ぐ。学校の組織防衛や学級経営の便宜のため，子どもを薬漬けにする窓口，地獄の一里塚。優しげな顔で学校の中に店を出す，それがスクールカウンセラーだ。」

　……こんなふうに，複数の発信者からのネット・プロパガンダが，日々流れ続けています。

　ネット発信でも知名度の高いU医師は，そのスクールカウンセラー批判の終わりに，「心理学者も臨床心理士もいらない」と宣言されています。このUさんは，たくさんの大衆書を出していて，断薬専門の自由診療クリニックを経営，家族が福祉事業所経営，健康関連商品の通販をしています。それらの宣伝の前ふりに，「これはダメだ，危険だ」と批判して，だから，「Uが提供するものを利用しなさい・買いなさい」となるのです。

　不思議なのは，2015年に公認心理師法ができて，42条2項の医師の指示に服する義務条項に依って臨床心理士の存在意義はもう喪われているのに，『医学不要論』まで書いたU医師は，ご自身が毒舌を極め批判した精神科医の配下にと国が定めた公認心理師を，なぜほうっておくのでしょう。たぶん賢い方略があるのだと思います。

　いま現任者移行措置が，資格者の力量と社会的評価に影響する重大な課題として検討されていて，臨床心理士の資格をもっていない現任者の多くに，公認心理師になるチャンスが到来しています。現任のコメディカルにも敷居が低くなるようです。U医師のクリニックでも大病院でもまた，教育・福祉・司法・産業その他，国民生活全般のあらゆる場面で，公認心理師は利益を生みそうなので，汚点をつけてはならないと商魂たくましく画策されているのかもしれません。

　資格化を牽引したのは，日本精神科病院協会傘下の全心協（全国保健・医療・福祉心理職能協会）です。学部卒で受験できる心理学検定の事業主体，日本心理学会は医療心理師を推進してきましたが，2006年に資格推進部会の委員が入れ替わりました。会長は日本心理学会理事長ですが，副会長に全心協会長

と日本精神科病院協会幹部，事務局長と事務局次長に全心協の2名の副会長が就任しました。そのときから心理学ワールドは医療の傘下に収まったのです。これは，ちょうど河合隼雄さんが脳梗塞に倒れた，同じ年の同じ時期でした。

はじめのほうで申しましたように，2004年，医者と対等の発言力を得ることを資格化の譲れない条件としてきた日本心理臨床学会系諸学会のお金はなくなってしまいました。政治はお金で動くので，もう医者に頼るしか国家資格化は成し得ないとの悲観と絶望感が臨床心理士の間に広まりました。2007年，臨床心理士国家資格化を悲願として牽引した河合隼雄さんが亡くなり，もはや医療心理師法案をスライドした資格創設を阻む者は誰もいなくなりました。

これらは歴史的な事実ですが，事実をありのままに語ることが，国家資格化にケチをつける異分子と見なされかねない，という寂しい事情があります。

臨床心理士という名称は，「臨床」という語がくっついているために，医者からは邪魔にされ言葉狩りをされるし，世間の一部からは医者の手先として嫌われるし，その上，医師の指示に従う義務を押しつけられる条件を呑んでしまったことで，いまやその存在理由が危ぶまれ，面目も立場もなくしています。

ことに臍をかんでいるのは，いまや少数派となった河合隼雄さんを慕う人々です。かれらは，臨床心理士の魂は喪われたと感じざるを得ないでしょう。

私もまた，医療利権への敗北を意味する，自ら精神医療コバンザメとなる国家資格の成立には相当ダメージを受けました。

42条2項温存での成立はやむなしと分かっていたものの，成立のニュースを聞いた日は寝込みました。コバンザメ化を拒むと，群れにも入れず，ひっそりと干されていきます。

つまり，いまさら，「臨床心理士」の「臨床」がBeingなのだ，それが臨床心理士の根幹だ！魂だ！と言っても，目先の恩恵と権利拡充に浮き足立つ同業者の多くは耳を傾けないでしょう。乗る枝を伐るのか？と問われるのです。

7　スクールカウンセリングでの，お医者さんたちとの「競合」

　私自身がスクールカウンセリング現場で，どのようにお医者さんと「協働」ではなく「競合」してきたのか，というお話に進みましょう。

　私は諸事情で他県の教育相談機関の非常勤嘱託を辞め，2000年に兵庫県のスクールカウンセラーになりました。それまで教育委員会内での指導主事との協働が主で，学校現場とは間接的な繋がりしかなく，その時初めて教育現場に入りました。スクールカウンセラー草創期に近い時期だったこともあり，大きな驚きや発見，刺激を受けながらの試行錯誤の日々でした。先に勤めていた友人から「スクールカウンセリングに理解があって熱心」と聞いていたＡ市への派遣を最初に希望しました。その後他市にも派遣されましたが，Ａ市との相性は良かったように思います。現在も当市の小中学校2校で勤務しています。

　顧みますと，この15年あまりのスクールカウンセラー経歴は主にＡ市でのものになります。15年前初めてＡ市に派遣されてからこれまでに，私がさんざん体験したブラックな闘争の中から，いくつかのお話をしましょう。

　Ａ市は海沿いに重工業地帯があり，かつては公害問題が深刻で呼吸器系疾患専門病院もいくつかあって，近隣他市に比べ医療資源が比較的充実しています。

　Ａ市教育委員会への県からの派遣で，中学2校で働きだして間もなく，あれ？と思うことがありました。

　「この子の問題は深刻だから」と学校側が仲介してお会いできたお子さんや保護者ご自身が，精神科や心療内科にかかっておられることは少なくありません。

　不思議に思ったのは，その子たちや親御さんが通われている医療機関が，ある特定のそれも隣市で開業する個人クリニックに集中していたことです。相談に来られたお母さんたちの中に，そのクリニックは「薬が多くて不安」とか，「薬漬けになるのでもう行っていない」とかと言われる方がありました。必ずしも評判が芳しくないこのお医者さんが，何故異常にはやるのか？との疑問

は，これも来談者から教えてもらって解けました。

A市教育委員会は月に1度，医師の無料発達相談をしていて，担当医がその○○先生なのです。月1回2ケース限定なので，数ヶ月先まで順番待ちです。待ち続けてやっと会えたお医者さんに，「しんどかったね〜，いままでよく我慢したね〜」とかと優しくねぎらわれて，「じゃ，次からうちの診療所においでね〜」，と言われたら，悩み抜いてこられた親御さんは，まず拒めないでしょう。……このお医者さんのセリフとか口調，私の妄想ではありません。相談に来られたお母さん方からお聞きした場面の再現です。

しかもなんと，この○○先生，現在なおA市の発達相談のポストを手放しておられません。指導主事の中にも，○○先生がアカンことに気づいている人がいるのですが，医者という権威に巻かれてしまうのでしょうか……。

この人がA市に特権的な関わりをもてたきっかけは分かりません。並み居る開業医や市職の医師を差し置いてなぜこの人が任命され，少なくとも私の知る限り15年以上前からこのポストを独占し続けられるのか不可解です。名医であればとてもよいことなのですが，はっきり言ってそうではないわけで……。

市の発達相談からそのお医者さんのところに行ったけれど，通院をやめてしまったり，通いながら疑問を感じていたお母さんたちとは，ときには担任も交え，具体的な関わりや環境調整を一緒に考えていく方向にシフトすることで，子どもたちが再びそのクリニックに戻ることはありませんでした。

でも，「通院はやめられない」，と言われるお母さんにも出会ったのです。

「小学4年で落ち着かなくてみんなに迷惑がかかるから，お薬を飲ませないといけない」と言われます。「でも子どもは飲みたがらない，お医者さんが『食べ物に混ぜなさい』と言うので，朝の味噌汁にリタリンを入れています」と言われました。古い話だとお分かりですね。今は徐放剤コンサータですから。

「朝にリタリンを飲まさないと担任からも怒られる」とも訴えられるのですが，支援制度がこのお母さんをすっかり誤解に導いていました。お母さん曰く，「○○先生にしか，うちの子は診てもらえない，そこではお話はほとんど

聞いてくれない。でも，お薬をいっぱい出してくださるからありがたいです。それも無料なんです。だから，電車代がかかって遠くてもこのお医者さんにしか行けないんです。」

　このご一家は生活保護家庭です。なのに，A市が特別指定したそのお医者さん，〇〇先生のところだけが無料なのだと誤解して，一生懸命，小さい息子さんに覚醒剤同様のお薬を盛り続けられた。そのお医者さんでなくても無料なのだと納得していただくまでには，少し時間がかかりました。

　これは数年前のことです。某大学病院で人気の児童精神科医で，現在公立精神科病院長になっている人がいます。大学病院の診察日は，待合室から患者さんがあふれていたそうです。子ども連れだけでなく代診のお母さんでいっぱいだったとか。このお医者さんのファンクラブのような，親の繋がりもあったようです。その中の一人のお母さんが，毎週カウンセリングに通って来られていました。満を持したつもりで，娘さんへの統合失調薬の適用外処方について懸念を切り出したところ，以後次第に足が遠のかれ，とうとう中断となってしまいました。

　ところで，発達障害の親の会には，プロがつくっていそうな立派なホームページをもっているところもあります。スポンサーがついていたりするのです。このお医者さんが有名になったのには，どうも地元の製薬会社がバックアップしてきた気配があります。日本で認可されたADHD治療薬を売る現地法人が地元にあるのです。立派な会場で参加費無料の講演会の費用は，製薬会社が出しているのです。これは，〈精神医療ムラ〉なのかもしれません。薬屋と医者と親の会，それぞれにとって何かが有益な……。

8　脳に作用するお薬について

　リスパダールとエビリファイは最近，子どもに飲ませてよいと認可されてしまいました。

　これはまだ，リスパダールが認可される前のことです。寡黙で不登校気味，

昼夜逆転して夜寝ないという中 2 の女の子にリスパダールが処方されていました。お母さんが,「子どもがお薬を嫌がって飲んでくれません。医者から食事に混ぜるように言われたけど,一口で察知して朝食も食べてくれなくなりました。どうしたら飲んでくれるでしょう……」と悩まれていたので,「どうか,飲ませないであげてください」とお母さんにお願いしました。

　実はそう,あの「味噌汁にリタリン」の○○先生に,この子もかかっていたのです。……このお医者さんは,ずっとこれでやってこられたのです。

　お医者さんが出した薬を飲まないと治らないと信じておられるお母さんを懸命に説得し,「何だったら,わたし,○○先生のところに行って直接言いますよ」と言ったら,お母さんはやっと「自分で言います」と動いてくださいました。

　「お薬やめたいのです」と次の予約日に申し出たところ,○○先生にあっさり,こう言われたそうです。「僕は無理に飲ませろなんて言ってないですよ〜。お母さんが,お子さんのことでお困りだと仰って,お子さんの生活態度の改善をお望みだったからお出ししたまでです。」

　……要するに,ちょっとまずいなって思ったら,患者側……このときはお母さんのせいにして,上手に逃げてしまわれるのです。

　このお医者さんを紹介したのは,前任の臨床心理士でした。このクリニックの他にも,この地域のスクールカウンセラーがよく紹介するところがあります。教育（＝フリースクール）と福祉と心理と医療から不登校対策を網羅していると謳う民間機関です。センター長はお医者さんです。そこは臨床心理士をはじめ心理職を 6,7 名雇っていますが,多くが近隣各市のスクールカウンセラーを兼任しています。だから,その人たちは,先ほどの U 医師たちが非難する通りのことをしています。学校や教育委員会という公の場で窓口を開き,お客さんを集めて来るから大はやりです。所長先生の初診まで,3,4 ヶ月待ちです。人は長い列を見たら,何だかよいものだと思ってしまいます。だから3,4 ヶ月待たないとその先生に会えないんだと思うと必死で,会えたときにはもう,無条件にお願いしますお任せしますとなってしまいます。

　そこから離脱して来られた母子にも会いました。順番待ちを３ヶ月して，初診からすぐパキシルと ADHD 薬を含む多剤処方。主訴は不登校です。最初はちょっとした友達との気持ちの行き違いでした。それでも，３ヶ月も手つかずのまま待たしているから，どんどん状況が悪くなりました。それでやっと初診となった時点の状態像で，「これ重篤ですね」と。今は「子どもにパキシルなんてとんでもない！」……ということがやっと，社会に知られてきたところですが。

　常識的に考えて，中２の男の子に，大人用の抗不安薬他多剤を安易に処方することには躊躇があって然るべき。この医者の処方の根拠は問診だけで血液検査などもしなかったとのこと。結果的にこの子は，その後何年苦しんだか……。

　私がこの子のお母さんと初めて会ったときは，このような目に遭われてしまった後で，この子は高校生になっていました。この子が卒業してから，お母さんが弟のことで来てくださった際，じつは兄も……というお話になったのです。

　兄は高校に行けない状態でした。それに，お子さんたちのことで悩んでお母さん自身が心療内科のお薬を飲まれていました。箱庭療法室を無償で開いていた薬害に詳しい同窓の先輩に紹介し，現在は母子ともにお薬に頼ることなく，兄は大学に進学，弟は希望通り進んだ高校の部活動にがんばっています。今年も，兄弟が肩を組んで元気に笑っている写真の年賀状が届きました。

　また，ある別の学校で，育友会の集まりで話して欲しいというのでお伺いしたのですが，そのときに親御さんからこんな言葉が出て，びっくりしました。「子育てで困ることは多いが，困ったときにお医者さんに相談することしか，私は知りませんでした」と言われるのです。「ええもちろん，スクールカウンセラーさんは来てくださっているけど，週１日だけでしょ。普段，お医者さん以外全然行くところがない」と言われます。

　「昔からずっと，市の教育センターというのがありまして……。どこの市にもありますよ。子育てのお悩みは，そこでお受けしていたんですよ」と言いま

すと，「そんなのどこで知るんでしょう。全然分からないです。テレビで，何でもかんでもお医者さんに相談って，……薄毛でも煙草でもね。」

そう，禁煙外来で出るチャンピックス。あれは向精神薬ではないですか。こうやって入口が何科でも，精神の薬が処方される可能性がすごくあるのです。向精神薬がどれだけよい薬かといったら……そうでもなくて，治験を経て認可といっても，治験協力者を選ぶときに既にセレクトした母集団からで，いろいろ操作も入っているのです。そんな治験で 6 割効いたデータが出せたら薬は売れます。忘れてはならないのは 3 割から 4 割の人には効かないということです。もともと効かない人に薬を大量に飲ませて副作用だけ重ねて，副作用の症状を悪化と見なしてまた薬を増やし，つまり医源性の薬物依存を作ってしまうのです……。

「麻薬及び向精神薬取締法」という法律があります。同族だから並べているのです。だから向精神薬では薬物中毒にはならない，なんて絶対にいえないのです。薬物の組成に対応する分解酵素の有り無し等，個人差もあります。

お薬が絶対に駄目，といっているのではないのです。そうではなくて，基本的に精神のお薬はかなり危険だ，という認識がなければならないのです。東北地方で山伏修行などをしている知人の精神科医に疑問をぶつけたとき，彼が言いました。「薬は，毒だからね」と。たぶん，このお医者さんはとても慎重に薬を使っているのでしょう。

お医者さんは絶対に，お薬を使うのが上手でないといけないと思います。若い頃に付き合いのあった精神科医から聞いていたのは，「医者はまず，新薬が出たら自分の身で試したんですよ」ということです。自ら服んで体感を確かめ効き方を試すのです。普通の診療日ではできないので，土日などに合宿して変容する体感や意識状態を語り合う。我が身を実験台にしてきたのです。今はどうでしょう。ご自分の家族に飲ませられますかと，精神科医に聞いてごらんなさい。……怖いのが分かっていてお薬を売る。恐ろしいことです。それを子どもたちにする……。

そこで，「臨床」ということを，もう 1 回考えてみましょう。

9 再び「臨床」Being とは？

　「臨床」をこそぎ落とされても，スクールカウンセラーを続けたいなら，公認心理師を取得することになります。そうなると，医師の指示に従わないといけない。薬を上手に使えて薬に頼らないお医者さんだったら，有り難いのですが……。たまたま来談された人が医療を利用していると，精神科に限らず，お会いしたこともない医師に服する義務が生じます。そうしないと法律違反です。

　医師が実効的に独占しつづけてきたのが，「臨床」です。ですが，はじめのほうで申しましたように「臨床」は支配的でも占有的なものでもないはずです。臨床社会学で用いている〈現場での協働性〉のような要素も大きいと思います。

　臨床心理士の「臨床」をこそげ取り，あるいは奪い返そうという医師の臨床とはどのようなものなのでしょうか。

　宗教と臨床との関係をもう一度顧みます。……アスクレーピオスは神と人とのハーフです。医事は半ば神事だったのです。臨床・医療・医学を，呪術を含む神事（かみごと）と一緒にすることを，ヒポクラテスは否定しました。医術は人の営みであり，神や霊が癒しをもたらすのではない。ただし人が行うので限界がある。その限界を弁えるため，ヒポクラテスの誓いとして医師の倫理をしっかり確認したということでしょう。それが今でも生きている。

　要は，スピリチュアルなもの，宗教的なものとかつて非常に近かったのが，「臨床」だったのです。

　その「臨床」を公認心理師は捨てたのです。河合隼雄さんははっきり言葉では言わなかったけれど，河合さんたちが目指していたのは〈スピリチュアルが含まれた臨床〉だったのです。それを捨てた。精神医療ムラという利権複合体に組み込まれた駒として，理想と希望を捨て実利を取ったという事態なのです。

　医師の営みは Doing です。特に精神医療は歴史的に，拷問のような無茶で

残酷な身体を痛めつける「治療」をしてきました。脳の一部を切り取ったり，電流を頭に流したり，副作用が一生残る劇薬を薬として大量に呑ませたり……。

その精神医療が，学校現場にも網をかけてきています。これからは，医師に服従する義務を負う公認心理師が，スクールカウンセラーをはじめ公教育現場の心理職として，どんどん臨床心理士と入れ替わっていくことでしょう。

公認心理師であるスクールカウンセラーが，教育現場にいかに在ること，つまりBeingであり続けることができるのか……。

果たしてどうなるんでしょうか……。

そんなときは，根っこに戻らなくては。

私の最初の現場は適応指導教室でした。そこで横澤先生と同じく，子どもたちに臨床の在り方を厳しく鍛えられました。臨床の基礎はほぼすべてそのとき出会った1人のたいへん力のある女の子に教えてもらいました。（……今でも30歳になったその人と付き合いがありますけれども……）

そこで〈猫になる〉体験がありました。Beingは猫であると。そんな啓示を受けました。「スクールカウンセラーだより」にいつもこんな猫を描いています［白板に素朴なイラスト］。そして，私のフェイスブックを見ていただいたらプロフィールはうちのトロい黒猫で，壁紙は銀杏の根っこです。根っこ，……猫……[註]。

御静聴ありがとうございました。

〈註〉 ねことねっこについて

このくだり，お話の最後に，つい勢いで申し上げてしまいました。そのまま残しておくと，抽稿を読んでいただく方々には分りにくいとのことで説明を，と編集の過程でご助言をいただいたのをよいことに，あつかましく言葉にすることを試みたいと思います。

「音」として，似ているものには，理性や論理を超えた次元でのつながりが，時にあるように思われます。音魂というものかもしれません。カミとの交流の在り方の

一つであるとも想像される，歌（和歌）には，掛詞という技法があります。

SNS のプロフィール写真をくろみ（我が家の飼い猫）に肩代わりさせて，壁紙をあまり深く考えもせず選んだのが，雑司ヶ谷の鬼子母神さん境内の銀杏の古木の根っこでした。

猫は，自我（理性）の統制には縛られない，身勝手で気ままでとらえどころのない生き物でありつつ，完璧ともいえる being を体現していて，わたくしにとっては，時に（常に，ではありませんが……）魂の導き手であり，セラピストモデルとなってくれています。それは，ユング風にいえば「自己」の現身のひとつかもしれません。同じく大樹の根っこは，地面の上にそのごつごつした一部をさらしているのですが，その見えない全体は，地面の下に，深く広く，他の樹木の根っことも複雑に絡まり合う，巨大な地下茎（リゾーム）を構成しているのです。つまり，……再びユングを引っ張り出すならば，集合的無意識の一端がちらっと地上に現われ出ている姿なのです。

ねことねっこの共通点は，……でも，こうして言葉にしてしまうととたんに，干からび始めてしまうのですが……，魂の世界（集合的無意識）と現世をつなぐものと言えるのではないでしょうか。

イラスト：戸田弘子

［文　献］

『心理療法とスピリチュアルな癒し』上月游晏（筆名）での共著。2007，春秋社

Feline behavior as a model of therapy-This is not a kind of skill or technique but a style of being, 2006年国際サイコセラピー会議イン・ジャパンおよび第 3 回アジア国際サイコセラピー会議予稿，128p

＜第 Ⅲ 部＞

交流の広場

第 6 章

稲垣から先生方へ

稲垣　応顕

はじめに

　この原稿を書いている2017年6月からさかのぼること約3年前，筆者は上越教育大学で宗教学の教授であった松田慎也先生（現：名誉教授）を介して坂井先生と知り合いました。そして現在，京都大学の西平直先生，武蔵野大学の小西達也先生，九州大学のセリビア・アントン先生ともご一緒させていただき「無心とケア」をテーマとして採択された科学研究費での共同研究（研究代表）を継続しています。本書の企画は，その研究の一環として始まりました。坂井先生が臨床心理士の有資格者であり，筆者がいくつかのカウンセラーまた心理士の付く資格をもち，共にスクールカウンセラー（以下，SC）をしていることから話が盛り上がったのです。SCに「無心のケア」はあるのか（SCの活動に無心のケアは当てはまるのか）？　あるとすれば，どのように存在しているのだろうか？　ということでした。

　ちなみに，本書の執筆者である水上先生は，筆者が前任の富山大学在職中に出会い，お世話になるなど親交がありました。先生は，元小学校の校長先生，富山県総合教育センターで教育相談部長の経験を有します。そして現在は，筆者も所属している日本教育カウンセラー協会富山支部の支部長をしておられます，また，横澤先生とは筆者が上越に移った年に出会ったのですから，約9年前からのお付き合いをいただいていることになります。最初の出会いは，上越市教育事務所での派遣カウンセラー（新潟県教育委員会独自の事業である。

SC が中学校に集中配置されていることから，小学校に派遣される SC をいう。派遣先の小学校との相談の上で，年間の派遣回数を決めていく）の会合ではなかったかと記憶しています。先生が，あの吉本興業所属の横澤夏子さんの “お母さん” であることにも驚きましたが，坂井先生と親交があったことに今さらながら “何か” の縁を感じました。そして，今回新たに坂井先生を介して戸田先生と出会わせていただきました。先生が，日本人間性心理学会で幹事の仕事をされていることは知っていました。初めてお会いした時に，先生は和装でいらっしゃいましたが，それが普段の装いであること，SC として学校におられるときも一貫して和装でお出かけになられることに「へー！」っと思ったものでした。そして，本書執筆のメンバーでシンポジウムをした時に，実はかなりパワフルなエネルギーをおもちだということを知りました。

　「人の縁はつなが（ってい）るものだなあ」と出会い（巡り合わせ）の不思議を感じています。SC として出会う子どもたちや保護者，また先生方に対しても同じです。「この子（保護者）にとっての SC は，別に自分でなくてもよかったはずである。でも，自分だった。そこには，何か大いなるもの（＝ビヨンドまたトランスパーソナル？な何か）が介在し，“今・ここで” 我々を出会わせたのだ」ということです。神秘主義者でも運命論者でもないのですが，「だから，この出会いを大事にしよう」と一期一会の感覚になるのです。これは，すべての SC が思うことでもあるのだろうと感じています。

スクールカウンセラーとは何かへの疑問

　本書は当初，「SC は何に悩むのか」とのテーマで企画されました。坂井先生との議論（筆者の言葉では “お茶々タイム”）の中で，どちらからともなく「ところで，そもそも SC って何なのでしょうねえ」という素朴な疑問が出てきたのです。つまり，SC とは “何を求められていて”，“どのような役割を担う” のだろうか，つまり “SC とは何なのか” ということです。何に悩むのかの前に，SC とは何かの本筋の議論をしなければならないのではないかとの共通

理解が生まれたことを思い出します。その議論を深めたところに，おのずとSC が何に悩むのか，そしてそれはどのように対処すればよいのかについてのヒントも出てくるのではないかと話し合ったのです。

　以下，本文ではないコメントということで，各先生の論考を拝読しながら感じたことを綴ってみたいと思います（文調もラフです）。

(1)　スクールカウンセラーの立ち位置 I ——外部性か内部性かへの問い——

　話の取り掛かりとして，坂井先生の論考を引かせていただきます。先生は，SC の活動は教育なのだろうかとの問いを立てられています。そして，ご自身がライフワークとして追求されている「無心のケア」の理論構築を教育現場で活動する SC の視点から問い直しておられます。先生の言葉で言えば，ケアと教育の往還に無心の境地は介在するのかということかと思います。先生はまず，SC の外部性と役割に言及されています。実は昨年度（2016），筆者の研究室に籍を置いていた村木友美さんが「小学校へのスクールカウンセラー導入に関する期待と課題」と題し修士論文を書きました。その中で彼女は，SC が派遣されている学校の現職教員を対象とした調査を行いました。村木論文では，現職教員の意識として，①対応の難しい子どもが増えると共に多忙化を加速させる学校において，教師をサポートしてくれる SC の存在は有難いと感じていること，②子どもも保護者も SC が外部の人であり，知らない（自身の評価につながらない）人だからこそ，話せることがあると認識していること，③SC が外部性をもっているからこそ，自分（＝教師）とは異なる視点からの助言がもらえると感じていること，などと見出しています（村木，2016）。

　筆者が注目したいのは，上述の「③」です。その外部性について坂井先生は，「SC のもつ専門性，心の扱い方というのは，学校で行われている教育のあり方とは違うのではないか」と述べ，SC はカウンセリングを通して「心のケア」を行っていると述べられています。そして，「学校コミュニティにおいて心のケアが必要とされるのは，いわゆる"不適応"の児童生徒たち」であり，

「個人レベルでは，心の非常事態の中にいる」子どもたちであると指摘されています。それに対して水上先生は，学校が教育機関であるとの前提に立ち「育てるカウンセリング」の有用性を述べられています。つまり，SCは外部性をもつものの実践のベクトルは教師と同じであり，子どもたちの誰もが出くわす発達課題に主体的に対応していけるように援助相談を行うことであるの趣旨と述べられています。そして，教育カウンセリング心理学がその特徴の一つとして掲げるガイダンス機能の重要性を指摘されています。また，文部科学省（2011）が今日の生徒指導が予防的・開発的生徒指導を謳っていることを支持されているのだと捉えますが，SCに求められる能力として，問題の未然防止，早期発見，早期支援の対応への体制，教育相談コーディネートができることを掲げられています。

　筆者は，自身が元教員（高校）であり同じ教育カウンセラーである視点から，この論述を容易に支持します。加えて筆者は，もう一つ欲張って，SCに求めたい力量としてコンサルテーションに応じられる能力が重要であると考えています。話題がずれるかもしれません……筆者は，生徒指導論の授業において，生徒指導提要が「生徒指導は，児童生徒を総合的に援助する」と述べることに対して，「我々は，普段の食事に際して肉を食べたら，魚を食べたら，野菜を食べたら，身体のどこが成長するなどと考えてはいない。我々の身体は，食べたものの総体として出来上がっていく」（稲垣，2011）ことを例に出します。子どもたちにとっての成長も，学校が用意する様々な教育活動，家庭生活での様々な体験という集団的・個別的なメニューを取り込みながら，個々人の極めて主観的な内部的照合枠の中で消化されることにより方向や形が定まっていくのだと捉えています。そうであれば，偏ったメニューよりも，バリエーション豊かなメニューが提供されるほうが，子どもたちには望ましいのだと思います。コンサルテーションとは，立場の異なる専門家が対等な立場で行う作戦会議です。もう伝わっていただいたと思います。今日の学校は，"チーム学校"を掲げています。作戦会議に出席するメンバーは，多様性をもつほうが望ましいと考えるのです。その際には，メンバーの外部性がメリットとして生か

されてくるように思います。

　本筋に戻れば，SC は常勤として内部性をもつほうが良いのか，それとも教育とは異なる視点の保持という意味合いで外部性を担保するほうが良いのか，予算的なことは脇においても検討の余地があるように思います。ちなみに，本文でも触れましたが富山県には，現職教員をカウンセリングの普及者として配置する県教育委員会独自の事業としてカウンセリング指導員の制度があります。そのようなシステムも議論のテーブルに挙げてよいと思います。

(2)　スクールカウンセラーの立ち位置Ⅱ——「Being」か「Doing」か——

　今回の共著の中で，筆者が最も関心をもったのが，戸田先生の論考にあった「Being と Doing」の問題です。戸田先生は，マザー・テレサの生き方・在り方に触れながら，彼女に対する世間の批判が顕在化している事実からすればもっともであるが，マザー・テレサが宗教者であることを前提にしたときに，批判そのものが的を外しているとの趣旨を述べられています。つまり，彼女は「Doing」の人ではなく「Being」の人なのだと……。筆者は，この論考に深くうなずきます。また，かつて行った元登校拒否（筆者は不登校の用語を用いません……ただし，文献一覧で名前が出てくる松井理納先生は，自身の経験も踏まえて不登校の用語を用います）のあった青年たちへのインタビュー調査の結果を思い出しています。「登校拒否（不登校）から脱することが出来た際に何がサポートとして機能したか」についての質問に対し，調査に応じてくれた青年たちは，性別を問わず「親や先生から何をしてもらったというのは，覚えていない（記憶にない）のが正直なところです。自分にとってサポートとは，何をしてもらったではなく，とにかく見捨てずに一緒にいてくれた存在。存在そのものでした」との趣旨を語ったのです（稲垣・松井，2007，；松井・稲垣，2006，2008a，2008b　et al）。横澤先生が述べられている「私は，"お母さん"という資格で子どもたちと関わっている」との論考も同様のことなのだろうと捉えます。つまり，「私はあなたを見捨てない。見捨てないではなく信じてそ

ばにいる。一緒にいる」と Being の重要性を再認識しました。

　……ここで終われば物語としてはきれいなのだろうと思いつつ，しかし筆者の思考と気持ちの中に，「果たしてそうなのか？　SC はそれでよいのか？　それだけでよいのか？」という疑問文が頭をもたげるのです。つまり，学校が気持ちを癒し回復させる（換言すれば，マイナスの状態を 0 に戻す）という発達・成長を促す治療機関ではないということなのです。ここには，心理療法と教育また教育カウンセリングにおける"発達"ないし"成長"の用語の捉えにズレがあるのかもしれません。教育カウンセリングの視点からいえば，発達を子どもたちが①自分の長所を活かしつつ，自分の仕事に誇りと専門性をもつ職業人への育成，②民主国家の構成員としてのシチズンシップの涵養，③自分なりに自国や他国の文化に親しめる能力，を備えた社会人に育つことと捉えます。もちろん，中には特別な教育的ニーズを要する子どもたちがいます。重度であれば重度なほど，前述の「①，②，③」を完遂することは困難になるでしょう。それでも学校は，可能な限り当該の子どもの発達・成長を追求するのだろうと思います。その関わり方も，「能動的・戦略的に関わり生徒を育てていこうとする」（稲垣，2011）のだと思います。くどいのですが，決して子どもたちに無理をさせてというのではないのです。でも，諦めないのです。「可能な限り」なのです。

　戸田先生が，人間性心理学の視点から全人的な"人間性"を大切にされていることをひしひし感じています。「猫……根っこ」の表現をされることの意味も意義も解るつもりです。以前，ある学会でシンポジウムをした際に，医師の肩書をもつ参加者が，「どうして，先生たちはそんなに生徒を追い掛け回したがるのだろう」と発言していたことを思い出しました。また，横澤先生が「お母さんという資格で」と言われる意味も伝わっているつもりです。

　この話題に関連して想起するのが，仏教が掲げる「慈悲」の概念です。作家の五木寛之が何度となく繰り返す例を引きますが，「慈（マイトレー）」とは，慈父の用語があるように父性原理的な意味をもちます。わが子が罪を犯したときに，「自分のしたことには自分で責任を取らなければならない。刑務所で服

役し，しっかりと罪を償ってきなさい」というほどの毅然とした規範を示す態度です。他方，「悲（カルナー）」とは悲母の用語や悲母観音があるように母性原理的な意味をもちます。先の例を続けますが，わが子が罪を犯したときに「それでもあなたは私の大事な子どもだ。あなたが地獄に落ちるのならば，母も共に地獄に落ちていきましょう」といった情感です。

筆者はここで，今述べた父性原理と母性原理の優劣や「0か100」かの議論をしたいとは思っていません。子どもを教え育てていく上では，その両者が必要であることが自明だからです。そして，教師が父性原理で子どもたちと関わるならば，SCは母性原理で関わればよいということも理屈としては成立するように思います。しかし，しかしなのです。学校は，子どもたちを社会化していくために"わざわざ"創られた教育機関なのです。人間の子どもたちが通う学校ですから，スズメの学校の先生のように「鞭を振り振りチーパッパ」とがなり立ててDoingする必要はないのですが，メダカの学校のように「誰が先生で誰が生徒か」分からない状態でもよくないことは誰もが納得してくださると思います。つまり，Beingだけでも事が足りないのではないかと思うのです（ごめんなさい。もちろん，戸田先生のおっしゃる"猫"，Beingが怠けて何もしないという意味でないことは承知しています）。教師が十分に検討された教育課程や学習指導要領に基づき，顕在的・潜在的なカリキュラムを経営していくことで子どもたちの社会化を狙うのであれば，SCはやはりこれまで蓄積されてきた研究の結果を踏まえて，心理的側面からそれをサポートする役割を担うのだろうと捉えます。子どもたちを自らの力で自立（律）の方向へ向かうようモデルを示し，心のパートナーとして存在し，後ろから応援を送る（支援する）サポーターであることが望まれるのだと思います。いわば，斜めの関係が良いと思うのです。そこで機能する考え方と方法論が，発達モデルの採用・ガイダンス機能の発揮・集団活動の活用なのだと思います。

教育カウンセリングには，「One-ness, We-ness, I-ness」という言葉があります。「子どもや保護者，先生方と一体感をもつ，子どものためのカウンセリングを行う，ただし，自他の区別をつけながら」といった訳になるでしょうか。

この辺りについても，本書を執筆下さったすべての先生が共通してうなずいていただけるところではないかと思います。

おわりに──再びスクールカウンセラーとは何かを求めて──

　以前，富山大学の教授であり臨床心理士でもある喜田裕子先生と共著で『教育カウンセリングと臨床心理学の対話』（稲垣・喜田，2006）の本を出したことがあります。その意味では，筆者にとって本書はその第二弾ということになるかもしれません。今記したいのは，前著の中で喜田先生が「個人的にお付き合いさせていただくと，教育カウンセラーの方々も良い人だなあと感じられるのに，資格や組織が介在すると難しいものですね」と記しておられたことです。

　SCとは何かを制度的な側面から追求すれば，水上先生が記されたガイダンスカウンセラーや戸田先生が記された国家資格としての公認心理師の問題が出てくることは必至です。公認心理師法は実際の運用の話になると，議論に収拾がついていないように見受けられます。

　ところで，筆者が教育カウンセラー（学校心理士・認定カウンセラー・ガイダンスカウンセラー）の視点に立つことから，水上先生・横澤先生の論考は，容易に理解と納得を得ました。坂井先生と戸田先生の論考からは，新たな視点，新たな視座をいただきました。例えば，筆者にとっては，精神科の医師との対立から臨床心理士が立ち上がったこと，阪神・淡路大震災を契機にSCが導入されたことの経緯は知っていることでした。しかし，戸田先生の論考から臨床心理士がそれほどまでに医療と対立している内実までは分かっておらず，今回の協働を通して知ることができました。また，前述しましたが今回の本の執筆に際しても，それぞれで使われている用語の捉えにズレがあることを再認識しました。筆者は，教育カウンセラーと臨床心理士は，SCとして相互補完できる関係性をもつことが理想であると考えています。ただし，両者が協働するために，もっともっと互いを知り合う必要があるようにも感じました。

［文　献］

稲垣応顕（2011）　第1章 生徒指導の概念と近年の動向.　犬塚文雄　監修　稲垣応顕編著　生徒指導論——真心と優しさと——.　文化書房博文社, 17-31

稲垣応顕・喜田裕子（2006）　教育カウンセリングと臨床心理学の対話.　文化書房博文社

稲垣応顕, 松井理納（2007）　不登校経験者の自己省察に関する研究（1）——自己の変容と周囲への意識に着目して——.　日本学校教育相談学会新潟支部　スクールカウンセリング越佐.　10, 1-6

松井理納・稲垣応顕（2006）　不登校サポーターの実態と意識に関する研究.　富山大学人間発達科学研究実践総合センター紀要.　1, 65-75

松井理納・稲垣応顕（2008a）　不登校経験者の自己省察に関する研究（2）.　富山大学人間発達科学研究実践総合センター紀要.　2, 95-101

松井理納・稲垣応顕（2008b）　不登校経験者の自己省察に関する研究（3）——時間的展望の変化に着目して——.　富山大学人間発達科学研究実践総合センター紀要.　3, 93-101

文部科学省（2011）生徒指導提要.　東洋館出版社

村木友美（2016）　小学校へのスクールカウンセラー導入に関する期待と課題の実態.　上越教育大学大学院修士論文（非公開）

第 7 章

坂井から，皆さまへ

坂井　祐円

はじめに

　この本の企画を思いついたとき，当初は「スクールカウンセラーは何に悩んでいるのか」というタイトルの本を出版するのはどうかと，稲垣先生に提案した覚えがあります。スクールカウンセラーは悩みを聞く仕事ですから，逆にそういう人が何に悩むのかという問いは，どことなく機知に富んでいるように思ったのです。

　とはいえ，よくよく考えてみれば，対人援助職である以上は，やはり思い悩んだり，傷ついたりするのは当然のことです。ストレスマネジメントに開かれていない職種は，遅かれ早かれバーンアウトを引き起こします。こうした問題をテーマにしたいのならば，感情労働についての研究から有益な示唆を得ることができることでしょう。

　しかしながら，本当に問いかけたかったのは，そういうことだったのでしょうか。いろいろと考えていくうちに，整理のつかないまま，そもそも「スクールカウンセラーとは何なのか」という問いにぶつかりました。ただし，これは私の個人的な問いにすぎないのかもしれません。

　「何なのか」という問いは，「どんな仕事なのか」という問いとは違います。言わば，スクールカウンセラーの「存在意義」についての問いなのです。これはまた，「スクールカウンセラーが，なぜ学校という現場に居る（要る）のか」という問いにもつながります。

　今回の企画は，私の中では「スクールカウンセラーとは何なのか」という問いに対する応答として捉えています。そこで，4人の先生方の考察について，この問いを一つの基点に置きながら，ささやかなコメントを綴ってみたいと思います。

教員かスクールカウンセラーか，その文化の違い

　稲垣先生と水上先生が考察の基本として大事にされているのは，教員からの視点のようです。お二人とも，教員の経験があり，学校という文化や風土の内部もしくは中心にいて，馴染んできた様子がうかがえます。

　一方，対照的に感じられるのは，横澤先生です。横澤先生は，高校の教員であったのに，「自分には合わない，とても教員のような仕事はできない」と感じられて，辞められた経験があると語られています。ところが，ひょんなことからスクールカウンセラーという道を歩まれた。そして，生徒たちや保護者を前にして，心理や発達についてのお話をしていることが不思議だとおっしゃっています。

　横澤先生のこの感覚は，とても興味深いものです。教員とスクールカウンセラーは異なる職種であり，考え方や方法論が違うのではないかということを，示唆されているからです。

　スクールカウンセラー制度が学校に導入された折に，「黒船の来航」に譬えられたという話があります。ここにはいろいろな意味が含まれていると思いますが，ひとまず当時の学校関係者の多くが，「スクールカウンセラーは従来の学校文化とは異質のものである」という認識をもたれていたことがうかがえます。

　スクールカウンセラーは，学校というコミュニティの外からやってくる来訪者であり，コミュニティを形成している教員の文化（教える・指導するという関わり方）とは異なる文化をもっている。この状況は，今も大して変わっていないのかもしれません。

　そのために，教員の文化に馴染んでいる者からすれば，ときに受け入れがたいような気持ちにもなるのでしょう。とりわけ，臨床心理学は，その学問体系の背景として精神医療とのつながりも強い（とはいえ，精神医療とは一線を画している）ので，そうした視点から学校教育の場面を捉えるのはどうなのかという違和感が出てくるのも，分からなくはありません。

　「学校は社会の縮図である」という言葉をときどき耳にすることがあります。ここでいう「社会」という言葉をどのように解釈するのかにもよりますが，見方によっては，「学校こそ特殊な社会であって，とても縮図などとはいえない」という考え方もできるでしょう。実際，「精神衛生」とか「ケア」という視点から社会を捉える場合には，学校という現場はまだまだ遅れている，という見方も成り立つのではないでしょうか。

　というのも，現代社会における精神衛生面でのセーフティ・ネットは多様な広がりを見せており，医療・福祉・産業・司法・教育などの諸領域を横断し，混然一体とした形で取り組まれているからです。その状況は，様々な問題を孕みながらも，少しずつセミ・ラティス構造〔第2章註（13）を参照〕を形成しているように見えます。

　スクールカウンセラーという存在は，必ずしも臨床心理学に拠って立たなければならないわけではないだろうと思います。ただ，教育という問題を考える上では，一つの価値観に縛られるのではなく，もっと柔軟で多面的に開かれた視点をもつ必要があるでしょう。そうした感性が，スクールカウンセラーだからこそ求められているのだと思います。

　戸田先生が大事にされている「臨床」という言葉には，そういった意味も含まれているように思います。「臨床の知」を提唱した中村雄二郎氏は，その原理の一つに「コスモロジー」を挙げています（中村，1992）。様々な価値観が混然一体となって有機的な連関を生み出していくことが，臨床実践の大切な指標となることでしょう。そういう意味では，スクールカウンセラーは「臨床教育学」という視点に積極的に開かれるべきだと私は考えています。

関わり方の原点としての「葛藤保持力」

　横澤先生のお話では，スクールカウンセラーの関わり方の基本についてストレートに述べられています。ロジャーズが提起した「受容」と「共感」の態度をとても大事にしていることが伝わってきます。ご自身の子育ての経験がカウンセラーの仕事に大きく影響しているようですが，何よりも「お母さん」という立場で生徒や保護者に接しているということが，横澤先生の強みであり，らしさであるように思われます。

　一方で，対照的に感じられるのは，稲垣先生や水上先生が大事にされている「ガイダンス」という関わり方です。これを中心にした立場を，稲垣先生は「温情的介入主義＝パターナリズム」であると述べています。パターナリズムという言葉は，原語に返すならば，家父長主義，父権主義と訳すことができます。つまりは，「お父さん」の立場ということになります。

　カウンセリングを考える上で，「お母さん」の立場と「お父さん」の立場に分岐していくというのは，まことに面白い構図だと思います。

　こうした立場の違いについては，戸田先生がお話されていた Being と Doing の概念によって説明が可能かもしれません。「お母さん」は Being のあり方，「お父さん」は Doing のあり方だと位置づけると，うまく整理ができそうです。

　この二つの関わり方は，一見すると，対立軸にあるように感じられます。横澤先生は「過干渉はダメ，過保護ならオッケー」と語られていましたが，温情的介入主義というのは，逆に「過干渉ならオッケー，過保護はダメ」と考えているようにも見受けられます。

　横澤先生は「葛藤保持力」という言葉を使われていましたが，ここでこの言葉に少し注目したいと思います。「葛藤保持力」というのは，心理学用語としては位置づけられていないようです。たどってみると，河合隼雄先生が子育てに関する本の中で言いだしたことで，要するに「自分でしっかりと悩むことができる力」を意味しています（河合，2001）。

　これは子どもの心理状況を捉えた言葉には違いありませんが，河合先生は，

別の本（講演録）の中で，スクールカウンセラーの関わり方としても，この「葛藤保持力」を挙げています（河合，村山・滝口編，2008）。この場合は「相手の悩みをしっかりと抱えることができる力」とでもいったらよいかもしれません。

カウンセラーもまた，相手のつらい話などを聞くとこれを受け止め切れず，すぐに安易な解決方法を示そうとしたり，誰かを悪者に仕立てたり，果ては「問題はあなた自身にあるのでは？」と相手を責めてしまう。あるいは，解決の糸口が全く見出せないので，とりあえず漠然と「大丈夫，心配ありませんよ」とか「そういうときもありますから」，「今度はきっといいことがありますよ」などと，安易な慰めに終始してしまう。どちらもカウンセラーの葛藤保持力が低いために起こる関わり方だというのです。

いうなれば，「過干渉でもダメ，過保護でもダメ」といった事態です。ならばどうすればオッケーなのでしょうか。

そこで，河合先生は，カウンセラーには「全体として問題がどう絡まっているのかを見極める力」が求められているのだと言います（河合，村山・滝口編，2008）。とはいえ，もしそういう見極めができるのだとしたら，それはかなりの達人技であって，なかなか実践できないのではないかとも思ってしまいます。

これは一つの解釈ですが，おそらくは「カウンセラーの中立性」を言い当てているのではないかと思うのです。実は，この中立性の具体的なあり方は，横澤先生のお話の中で示されています。つまりは「沈黙」です。

カウンセラーが適切な場面で沈黙できるとすれば，それは葛藤保持力が高いからこそ可能なのではないでしょうか。沈黙のときの中では，相手の抱えるつらさや苦しみや悲しみや痛みが引き金となって，心の奥深いところへと導かれていきます。それはまた，心の変容や成長が起こるまどろみでもあるのです。私がスクールカウンセラーの活動を「死の教育」であると考えるのも，ここに起因しています。

ちなみに，「沈黙」とは，過干渉でも，過保護でもなく，「支持」といえるか

もしれません。相手をそれとなく「支える」ということです。これはまた，Being と Doing が融和したあり方ともいえそうです。「誰か（何か）に支えられている」という安心感に包まれる経験があれば，人は生きづらさや困難を抱えながらも生きていくことができるのだろうと思います。

「苦海浄土」の世界

　戸田先生の精神医療への批判や考察を読みながら，私は，石牟礼道子氏の小説『苦海浄土』を思い出しました。

　よく知られているように，『苦海浄土』（石牟礼，2004）とは，日本の三大公害病の一つである水俣病によって，想像を絶する苦痛と悲嘆とを強いられた人々の声なき声を綴った物語です。

　日本の高度経済成長を牽引してきた企業であるチッソの水俣工場が，排水とともに不知火海に流した有機水銀が魚介類の体内に濃縮蓄積され，その魚介類を住民が食することによって，水俣病が発生したとされています。水俣病は，中枢神経を損壊し，身体の自由や言葉を奪ってしまう恐ろしい病気です。いうなれば，水俣病とはひとえに近代産業の闇を象徴しているのです。

　作家の石牟礼道子氏は，告発でも抗議でもなく，ひたすら水俣病患者たちのありのままを表現する媒体として，この本を世に送り出したと言います。自分はただ言葉を奪われた者たちの通路になっただけなのだ，と。

　この本の片鱗でも読んでみれば，熾烈なまでの過酷さと哀しみに心が打ちのめされてしまうことでしょう。本当の語り手は水俣病の患者たちであって，作家はその代弁者にすぎないという意味を，まざまざと実感させられます。

　水俣病と精神医療の問題とを同じ土俵にのせて語ることはやや強引かもしれません。ただ，戸田先生のお話を通して私が教えられたのは，スクールカウンセラーもまた，悲しみや苦悩を背負った人々の代弁者になり得るのだ，ということです。この点で，戸田先生のご講演は，「スクールカウンセラーとは何なのか」という問いに対し，新たな一石を投じられた貴重なお話でした。

　スクールカウンセラーは，精神疾患や発達の問題を抱えている子どもたちと出会うことが多いし，また，そういう子どもたちを医療機関につなぐように勧める場面も少なくありません。しかし，同時にそれは，医療機関と結びつくことが解決ではないことを肝に銘じておかなければならないし，その代償やリスクがつきまとうことも深く考慮しなければならない。教育学者の大田堯先生がマツムシの促成飼育の記事に戦慄を覚えたという話を第 2 章で取り上げましたが，精神医療の行き過ぎた介入はこの促成飼育に近いところがあるように思います。こうした点で精神医療もまた近代の闇を内包しているのです。

　スクールカウンセラーは，人の心を扱う職種であるからこそ，心の痛みや傷つきに寄り添い，さらには代弁者でもあらねばならない。戸田先生の投げかけた問いの意義はとても大きいと感じます。

おわりに

　この度の企画において，実力・経験ともに申し分なく，しかも独特の感性をそれぞれにおもちの 3 人の先生方，水上先生，横澤先生，戸田先生をお招きできたことは，まことに有難い限りでした。

　「スクールカウンセラーについて考える」といっても，何をどう考えればよいのかと戸惑われたことと思います。改めて講演録として読ませていただいたところ，全く違った三つの角度からスクールカウンセラーという存在について深く掘り下げられていることに，とても驚いています。

　とりわけ戸田先生には，12 月の荒天候と寒さの厳しい時期に，遠く関西から見知らぬ土地である上越までおいでくださり，また次の日にはうちのお寺までお参りくださったことに，

イラスト：戸田弘子

深く感謝しております。

　人の出会いとは不思議なものです。この度の出会いの意味が，先生方のそれぞれの中で，大きな実となり花となることを深く願っております。

［文　献］

中村雄二郎（1992）　臨床の知とは何か　岩波新書

河合隼雄（2001）　こころの子育て──誕生から思春期までの48章　朝日新聞社

河合隼雄（村山正治・滝口俊子編）（2008）河合隼雄のスクールカウンセリング講演
　　録　創元社

石牟礼道子（2004）苦海浄土〈新装版〉　講談社文庫

第8章

皆さまへ……戸田より

戸田　弘子

はじめに

　この貴重な催しで発言の機会をいただき，ありがとうございました。地元でご活躍される4人の先生方，来場の皆さまとの出会いと刺激的な交流は，真に得難い経験でした。先生方のお話が文字となって手元に届き，改めて，昨年の暮れ，窓の外が吹雪く上越教育大キャンパスでの皆さまのお姿と熱気の籠もったお言葉の数々が蘇って参りました。

　私は，本企画で期待されていたかもしれない標準的「臨床心理士」役割からも既に逸脱し，ここ20年余り学際的にも「境界」をさすらっております。

　改めて先生方のお話を拝読して感じられ，こころにふとよぎった思いを，然るべきかたちに整えることは未だ難しく，異郷から訪れたマレビトの妄言……つぶやきめいた感想となりますことをお許しください。

教育カウンセラーの方々との出会い

　このたび初めて，教育カウンセラーの先生方とスクールカウンセラーの職責に関わるお話で，直接に交流させていただける機会が得られました。私は臨床心理士なのですが，この民間資格の現任救済経過措置期間終了前ぎりぎりに近接領域の大学院修了の受験資格で，資格試験を滑り込み受験した者です。つまり，当初から臨床心理士としては外れ者の宿命を負っております。ですので，

水上先生，稲垣先生をはじめ，この日はお目もじがかなわなかった多くの教育カウンセラーの方々からの，臨床心理士資格とその取得者の特性に関しての忌憚なきご批判にも，実は首肯するところが少なくありません。

この企画の準備段階で初めて，こちらの地域では，スクールカウンセラーを教育カウンセラーの方々が多く務めておられること，また日本教育カウンセラー協会の認定資格には初級・中級・上級とガイダンスカウンセラーがあり，このたび，ご一緒に登壇させていただくのが，上級ならびにガイダンスカウンセラーの方々であることを知り，私などでよかったのだろうか，元々外れ者の私が臨床心理士の代表となってはかなり拙いのではないかと，正直気がかりに思っています。臨床心理士の鑑と申し上げて過言ではない坂井先生を困らせるようなことだけはしでかさないようにと努めたつもりが，汗顔の至りです。

水上先生と稲垣先生からご教示いただいた，教育カウンセラーの立ち位置と学校教育という「文化」，その現場・臨場にあっての確固とした経験則に裏付けられた支援のあり方に，大きな自負をおもちであることに感嘆いたしました。私は公教育の現場には大阪府下某市教育センター勤務からを含めますと20年目になります……。が，例のディシプリンの欠如に輪をかけての猫的性癖が災いして，いま現在現場では，よく言えば臨機応変，悪くいえばいいかげんで一貫性に欠けた，〈猫の勘〉が頼りの仕事ぶりだなあと，肝を冷やしておりました。

私は実は事例をしゃべるのが苦手なのです。なぜなら……例えば，既に標本になってしまったチョウチョは，けっして，あのときあの場所で風に乗り揺らめき羽ばたいていたありようを，もう永久に再現してはくれないからです。なので，気心の知れた人たちばかりの小さな研究会で，こそっとしゃべることがあるぐらいです。ですが，こちらの会場では，フロアーからもセラピューティックな雰囲気が感じられ，もう少し時間があれば，ここでもこそっとお話をしたかもと思われました。

私の臨床経験は無駄に長いだけ，というのは，個々の臨床事例が次の事例にほとんど参考にはならないためだと思うのです。でも，なぜか同時進行の事例

では，それら全く別の現場（大学学生相談，非常勤講師，スクールカウンセラーを兼任していたこともありました）で，それら相互の面接や助言の助けになるような，不思議な連関が生じてくる経験は，度々ありま

イラスト：戸田弘子

した。つくづくこれは〈猫〉に憑依された生き方なのではないかと思われます。

個へのアプローチと集団へのアプローチ

　最初の水上先生のご発表では，学校教育現場を組織と集団として捉えて，導いていくという職責を教えていただきました。これが，予防的・開発的なカウンセリングであり，子どもたちを集団として指導する，教諭自身の力量の開発と向上にも力点を置かれていて，教員集団を補佐するのみならず指導し導くという使命を自認しておられることと受け止めました。これは（「臨床心理士」一般というのではなく，）私には全く力が及ばないことで，感嘆するほかありません。

　全体は個の集合体以上のもの……というよりむしろ，個とは既に異質なものであるように思われます。そのような考え方に理が認められるとすれば，理想的には，個へのケアと集団へのケアを別の参照枠に基づいて，同時に施されることが肝要です。でもやはり問題は，方法論と実際の現場で生じてくることとの，その都度の（非再現的……経験知が必ずしも役立たない）乖離が避けられないことなのではないかと思われます。

　ですが，そのようなときこそ，横澤先生がご教示くださった「葛藤保持力」が力を発揮するときでしょう。これは，支援する側のカウンセラーと教諭に

とってこそ，大きな力となり，それを子どもたちによきモデルとして（背中
で？）示すことができるのではないでしょうか。

スクールカウンセラーの「資格」

　スクールカウンセラーには，どのような資質をもった人々がマッチしている
のか，ということは，すべての先生方が触れておられました。

　そこで，「資格」という言葉には二つの意味があることもまた明らかとなっ
ていたと思います。一つは，国をはじめとする権威ある団体が認証する「免
状」としての「資格」，もう一つは，分限というか，もっとかたちにあらわし
にくいもの，でも確固として「イメージ」？としてあるものです。

　それを横澤先生はいみじくも「言うなれば『お母さん』という資格」と言い
表しておられます。私も面接場面で，私という専門家を頼って相談に来られて
いるお母さんとの語らいの中で，「お母さんが，○○ちゃんの，第一番目の専
門家です。私は今日初めてお話を聞いたばかりです。でもお母さんは○○ちゃ
んがお腹に宿られてから，ここにこうして○○ちゃんのために来てくださった
今の今まで，一番○○ちゃんのことを一生懸命に大事にして考えてこられたの
です。どうぞ自信をもって！　私は今考えられるだけのことでお助けし，動く
べきときに動きます。でも，トップの司令官はお母さんなのですよ」などと
言ったりします。なので，「スクールカウンセラーという立場は，どこまでも
補佐役です。主体的に動いているのは常に学校と家庭なのです」という横澤先
生のお言葉にはとても深く共感しました。また，水上先生におかれては，学校
が主体的に動けるようになるまでのプロセスで，カウンセラーが指導者という
立場で先んじて動く必要性を示されておられましたので，教育カウンセラーと
いう職掌が実に幅広いものであることを，改めて教えていただきました。

　横澤先生の試みで私もぜひやってみたいと思われたのは，全校生徒全員の面
談です。私が今まで派遣された中では，転任後に併合された最も小規模な中学
校が１学年２クラスだったので，管理職を一生懸命説得してできたかもしれな

いなあと思われました。昔まだ気力があった時代に，おちゃらけた猫の画と駄文を綴ったカウンセラーだよりを毎月出したこともありましたが，やっぱり直に対面するのがよいですね。よいアイディアをいただいて，うれしくなりました。

そして，面接での「沈黙」の大切さ，これは本当に大事なことなのだけど，とても難しくて，よくきちんと書いてくださったと，有り難い限りです。その部分を拝読しながら，ああ，まだそこで踏みとどまって黙って居られるのだと，場当たりの勘で甘々の私にできるかなあ……と反省しました。自然に言葉がどうしても出ないときは確かにあります。が，限られた面接時間のときにどうしてもセラピストセンタードになってしまって，後で悔やむことも少なくありません。

学校でのカウンセリングのネックは，学年という区切りや，学校行事や校時といった時間枠ですね……。

稲垣先生が例示しておられる問題行動の減少率ですが，年度の区切りでの統計であるとすれば，そこには学校での生徒と保護者そして教師自身にとって甚大なこころへの影響力をもたらすイベントである年度替わり，という変数が無視あるいは考慮されていないのではないかと思われます。といいますのは，自験例に，その年度の枠がかえって，奏功する（したかも？）と思われたことが，あるにはあったからです。やや苦い経験でした（戸田，2005）。

学校不適応行動の枠の中で「非行」の定義に統一基準が設けられており，それら別資格の相談担当者が各々，対象となる子どもたちに関わることができた時間数（年間勤務日数）も同一である，という前提での実態が反映されたデータであったとしても，カウンセリングはあくまでも，人と人との間に生じる唯一無二の営みです。それらは，数値に反映することが困難な因子を構成します。

また，ある時期を切り取って拾い上げた数値の比較だけを根拠とした評価が，学齢期のその後までをも展望した子どもたちの姿，「生涯発達」という視座での（医療で言う「転帰」を含む）実像を描き切れるかといえば，必ずしも

そうではないと思われます。カウンセリングは即効で結果の出る心の特効薬ではなく，個々の子どもたちそれぞれの，その後の成長段階に応じて，少しずつじんわりやんわりと効いていくものではないでしょうか。

臨床心理士のダメさをもたらした原因の一つについて

水上先生と稲垣先生の御意見を拝読していて，私自身の自虐ネタの一つである，臨床心理士のダメさが改めてよく分かりました。

この件は自分なりに，いろいろなところ（戸田〈上月〉，2007，pp.123-125，他）で，語ってきたのですが，それとは別の標準的な臨床心理士モデルが，一定のイメージとして世間にはあるようにも思われます。本件に関しては，公認心理師成立のショックが未だ尾を引く今は如実に言語化し難いのですが，無駄に紙数を費やさないよう少しだけ書かせていただきます。

臨床心理士資格の成立に貢献した河合隼雄が広め，臨床心理士の職業的方法論モデルとして当時の日本社会に受容せしめた「臨床心理学」なるものは，あくまでも心理学の中でも深層心理学あるいは精神分析学の範疇（分析心理学）に入る，河合 - ユング心理学でした。

ユングの言を拙く理解するなら，ユング派とかユンギアンというものが出てきた時点で，もはやそれはユングの教えには反するのであり，ユング自身の方法論を奉じ追随するエピゴーネンであってはならず，自分らしい唯一無二の臨床のあり方を自らを実験台として生涯に渡って追究し続ける者がユングの生き方に倣うものである，……と私は考えてきました。

この私の場合（ケース）のように，河合隼雄の書き物を中心に臨床心理学を学んだ世代の臨床心理士は，國分先生，上地先生らのディシプリンの欠如という趣旨の指摘に繋がる定見のなさを，真摯に受け止め自認せねばなりません。

その特性こそが，スクールカウンセラーを務める臨床心理士の弱みでもあり，また同時に一部の人々にとっては強みに転じるあり方でもあるとも考えます。玉石混淆，もしかしたらほとんどが石かも，という状況が打開されるため

にも，国家が養成カリキュラムを策定することで，小粒に揃えて規格化して認証を与える公認心理師が，学校現場へ導入されることが見込まれるのでしょう。

相補的協働の可能性

　水上先生は，治療的カウンセリングを予防的・開発的なカウンセリングと対置されていましたが，両者は相補的に働き得るものではないかと思われます。

　「治療」は，元の状態に戻すことではあり得ません。「病」と呼ばれる状況にあった間の時間は戻らないし，その経験は身心に刻み込まれます。ですから，「病」を経た人はその人が好む好まざるとは関わりなく，既に次のステージに至っています。それが，人間としての一つの身心の不可逆的な変容であると見定めること，そこを足がかりに明日からを生きていくことへの必要最小限の手助けをすることが，カウンセラーの役割ではないかと思います。

　それはまさに，人生では避けられない未来の困難に立ち向かうための力を培う，「予防的・開発的」なカウンセリングとなるはずです。

　共通理解こそが，「チーム学校」として第一義とする，支援対象者の長期的展望を踏まえた福利への貢献には，最重要の前提であると思います。

　学校現場に必要とされるスクールカウンセリングのあり方は，「あれ」かそれとも「これ」か，ではないと思います。「あれ」「これ」と，対立概念として方法論が命名され分かたれることはほぼ，支援対象者にとっては大きな意味をもたないでしょう。稲垣先生が引かれた犬塚先生の快楽原則と現実原則に充当しての議論も，原理的には（古典的精神分析の見方に限れば），対立ではなく寧ろ相補的概念です。エロスとタナトスの如く鋭く対立すると一見見なされるものであれ，個の自己実現（個性化：その人らしく生きること）の過程で，結合・統合（コヌンクティオ）が為し遂げられるともいわれています（戸田，2002）。

　「カウンセリング」という言葉が未だない時代のユングの書き物の中に，「心

131

理療法は弁証法的な手続である」と記されています（ユング，林編訳，1989）。ユングは医者なので，分析家と患者あるいは顧客との関係性を述べたものでしたが，そこに，フロイトの姿勢にも比される「パターナリズム‐温情的介入主義」的医師（指導者）・患者（生徒）関係とはひと味違う，社会的地位・民族・性別・年齢等を超えた，素の全人的な人と人との関わりの場に生じる機微を述べようとしたのだろうと思われます。

　それは，両者が互いに癒し癒され，学び学ばされるという体験です。その体験は個対個の間のみで生じるのではなく，集団において充分な条件が整えば，そのような癒しや学びが目覚ましく素晴らしいかたちで生じることでしょう。当初は個別のカウンセリングを旨としたロジャーズが晩年にグループの実践活動へと収斂していったことも，（普通の）人々のもつ潜在力，人と人との関係の相互的貢献すなわち互恵的体験の可能性の奥深さを物語るものと思われます。

　癒しをもたらす側や教えを施す立場と，癒しをもたらされる側や教えを受ける立場が，截然と分かたれるのではなく，つまり「権力」をはじめとする諸々の意味での非対称性を超えたところで為される（べきである）のが，「心理的」な「治療」なのだと，私はこれまで理解してきました。

　横澤先生が，子どもたちに教えていただいたと仰っておられたのは，私にとっても本当にその通りでした。真に身体に刻み込まれたのは，大学と大学院で学んだことではなく，子どもたちやその親御さん，子どもたちを心から気がかりに思う教師の方々との語らいであり，それらこそ私自身の学びと癒しとなりました。

　とはいえ，陰でよく言われるのが，「（心理）カウンセラー」というのは自分自身の心の病を治そうとしてこの仕事を選んでいる，というものです。自分よりももっと悩みが重く気の毒な来談者を前にして，内心自分はまだこの人よりはマシだと優越感を充たし安堵するのだろう，との非難も折々耳にします。

　どんなものごとでも，切り取る局面に依って毀誉褒貶さまざまに評価ができます。

　では，ピア・カウンセリングの営みと，そのような批判の対象となる事態とはどこが違うのか，といえば，それはカウンセラー側が自覚しているか否かだと，あっさりと答えを出す人もいます。でも，教育分析ないし多くの実習時間を訓練に費やしても，その人の人格の核の部分から滲み出る性分は，横澤先生が関わられた子どもさんの言葉にあるように，「分かっちゃいるけどやめられない」のです。

　ならばこそ，今後の公認心理師資格に期待されるが如く，粒が揃い標準化された職責を負い，職掌の限界をわきまえ，適当な段階で精神科医療につなぐスクールカウンセラー……などではなく，方法論と技法を必要十分に習得した上でそれらをすべて捨てて一期一会の場に臨む者として，今しばらく学校現場に居座るのも，一つのあり方かもしれないと今は思っているところです。

「来（て何かす）る Doing」から「居ること Being」へ

　先生方の論考を改めて通して拝読して感じましたのは，それぞれの先生が使われている用語の違いが，もしかしたら，共通理解へのいささかの足かせとなっているのではないかということでした。

　例えば，坂井先生が「ケア」という言葉を大事に使っておられるのですが，私も含め，他の先生方のお話にはあまり出てきません。教育カウンセリングの分野ではこれは「対応」「指導」に当たるのでしょうか。ただ，「温情的介入主義」は，坂井先生の「ケア」とは一見似ているようですが本質的に異なるものではないかと思われます。

　横澤先生におかれては，「関わる」「聞く」「受け止める」「サポート」「分かろうとする」等の具体的な言葉で表現されていることのすべてが，坂井先生の「ケア」ではないかと思われます。それらに共通するのは，Doing を内包した Being のような気がします。稲垣先生の結論部分を拝読する限り，温情的介入主義を是とされていると読めるのですが，これは Doing に当たります。

　Being と Doing のどちらが欠けてもよろしくありません。ときどき変化する

ときのみならず，それに呼応し合って一定の状況に留まることなく刻々と変容し続ける，今・ここでの一期一会の，Being と Doing の協働のハーモニーが奏でられればたいへんに理想的です。複数の支援者がより建設的に事例に関与しているときには，このような即興協奏曲が奏でられているのだと思われます。

坂井先生の「教育の死」という語にははっとさせられました。西平先生の論文の内容を存じないままの思い込みかもしれませんが，その「死」は終わりではなく，次に至る階梯を意味するのではないかと思われました。教育に携わる人たちは，「生きる」ということを最善の言葉として用いることに疑いを挟まれないでしょう。ただし，「死」に正面から向き合わなかったり，ましてやそれを隠蔽しようとしたりする大人を，子どもたちは決して信頼しないでしょう。

坂井先生の御出自とは切り離せない死生観，それは恐らく同じく寺族の長子に産まれた私自身のそれとも通じるものがあるように拝察するところです。

発達障害と診断されていた男の子との関わりを紹介しておられますが，中でも印象的だったのは，坂井先生が一貫して Being であったのに，担任が「何をした（Do）のですか」と言い放ったとの件でした。担任にとっては，Being は全く未開拓の「荒れ野」だったのかもしれません。

坂井先生は，教える（どちらかというと Doing）と育てる（どちらかというと Being）という「根本矛盾」する間に，「ケア」を介在させることで，「まろやかな融和」がもたらされるとされています。これが，先に私見で述べたコヌンクティオの作用なのだとすれば，私の臨床の底流には恐らく「悲しみ」があると感じており，その「悲」こそ私にとっての「ケア」なのかもしれないと思われました。このような気づきの契機を与えていただきうれしく思っております。

おわりに

秀麗で清々しい妙高の峯を遠く仰ぐ，上越教育大学のキャンパスでの，皆さまとのお出会いをほんとうに有り難く，存じております。

　稲垣先生と稲垣研究室の皆さまには，細やかな差配と懇切なお世話をいただき，またご面倒な録音の文字起こしもご担当くださり，深く感謝申し上げます。

　水上先生，横澤先生，お力の籠もったお話にとても感銘を受けました。お会いできて幸甚です。

　また，坂井先生とは，なぜか宗教学会学術大会で初めてお会いして以来，同学会のパネルや日本人間性心理学会大会でのパネリストをお務めいただくなど，いつも愉しく交流させていただきましたが，今回の新潟来訪に際しての数々のお手配，また発表をまとめるに当たりましても，ご多用にも関わらず最初の読者となってくださり有益なご助言を賜りました。この企画に関わり，真に何から何まで，またご家族さまにまでも篤くご厚誼を賜りました。一言では尽くせないほど感謝の気持ちでいっぱいです。

［文　献］

C. G. ユング，林道義編訳（1989）心理療法論．みすず書房

戸田弘子（2002）＜結合 coniunctio ＞における時代の癒し〜猿田彦と天鈿女の再生と螺旋の道〜　第4回「猿田彦大神と未来の精神文化」＜研究・表現＞助成論文．あらはれ　猿田彦大神フォーラム年報．122-143

戸田弘子（2005）　教育組織の中の心理専門職——二つの適応指導教室の事例——．臨床心理学研究．43（2）．58-70

戸田弘子（上月游晏）（2007）　臨床心理学の産生への根づき．實川幹朗編　心理療法とスピリチュアルな癒し．春秋社，77-125

イラスト：戸田弘子

終　章

スクールカウンセラーとは何なのか

坂井　祐円

1　孤立するスクールカウンセラー

　もう10年以上前になるが，『AERA』（2005年6月6日号）に「学校カウンセラーの孤立と失望」という特集記事が組まれたことがある。スクールカウンセラーが名目上，全国の中学校に全校配置されることになり，若手の臨床心理士がこぞって公立中学校に入っていった時期である。

　記事には，着任2ヶ月の若い女性のスクールカウンセラーが，学年主任から「あなたは本当に生徒たちの相談を受けているんですか？　子どもたちとおしゃべりして，遊んでいるようにしか見えません」と厳しい叱責を受けたり，生徒と親しくなるために始めた交換日記に対して「勉強の妨げになるからやめてほしい」と担任から抗議されたりと，学校現場で教員たちに理解されずに孤立するスクールカウンセラーの姿が描かれている。

　私がスクールカウンセラーとして学校に入ったのも，ちょうどこの『AERA』の特集記事が掲載された時期と重なっている。確かに，この頃の学校現場は，スクールカウンセラーが何者なのかを理解しているとは言い難い状況にあった。それは，まだ新任だから，といった微笑ましい理由とは違うものである。「心の専門家などと言っているが，学校教育のことは大して分かっているわけでもなさそうだ」，「不登校やいじめの件数が増加し深刻化してきたことへの行政対策のアピールにすぎないのだろう」，そんな冷ややかな視線が，漠然とではあるが，スクールカウンセラーに向けられていたように思う。

2　スクールカウンセラーは役に立たない

この頃に比べて，スクールカウンセラーに対する学校の理解は，少しはマシなものになってきただろうか。

スクールカウンセラーは，時給が5000円前後（準資格では3000円前後）である。そして，週に1回もしくは月に数回程度，決まった曜日に来校してくる。1回の来校時間は，多くても6〜7時間程度。数時間しかいないこともしばしば。そのためだけに，相談室を設けたり，コーディネーターを配置して相談があるかどうかを取りまとめたりと，何かと手間がかかる。

それに，せっかく来校してもらっても，相談が何もない日だってある。そういう日は，相談室か職員室の一角で座っていたり，ときおり校内をブラブラしていたりする。傍から見れば，この人は何のためにわざわざ学校に来ているのか，無駄に時間を費やしているように感じられる。

スクールカウンセラーによっては，休み時間に教室や保健室に顔を出して悩みのありそうな生徒と直接コンタクトを取ったり，相談室のレイアウトをアレンジしたりお便りを出したりするなどして，生徒たちが相談に来やすいような環境づくりに心がけてもいる。ただ，そういうカウンセラーは生徒たちに親しみやすいかもしれないが，やっていることはただ甘やかしているだけじゃないのか，と揶揄されもする。

とはいえ，そんなスクールカウンセラーであっても，何か助言を求めたい，何とかしてほしい，という場面も出てくる。例えば，生徒や保護者にいくらはたらきかけてもほとんど変化が見られない不登校のケース。担任も手を尽くしてみたがお手上げの状態。そこで，「何かもっとよい知恵はないものか専門家に聞いてみよう」と，たまに来るスクールカウンセラーに相談をもちかけてみる。ところが，スクールカウンセラーは，その担任の話を熱心に聴いてはくれるものの，肝心の解決策となると「もう少し様子を見守っていきましょう。保護者と私が直接に面談することはできませんか？」と言うくらいで，どうということはない。

　その後，保護者をスクールカウンセラーにつないで，何とか来談までこぎつけるが，1回や2回，面談してもらったところで，事態は何ら変わることがない。かえって保護者のほうから「うちの子はしばらく学校に行かないほうがよいみたいです。放っておいてもらって構いませんので」と宣告される始末。一体，スクールカウンセラーは，この保護者に何を助言したのやら。

　役に立ってほしいときには，役に立たず。何もしないで相談室に閉じこもっていることも少なくない。何かやっているかと思えば，生徒と楽しくおしゃべりするか遊んでいるだけ。それなりの費用と時間をかけて学校に来てもらっても，当のスクールカウンセラーは学校教育が何なのかまるでわかっていない。指導と育成の意味をはき違えている。

　はっきり言って，スクールカウンセラーはダメだ。コスパが悪すぎる。スクールカウンセラーを導入するのであれば，学校にとって，教員にとって，もっと役に立つ仕事をしてもらわないと。

3　支援＝ケアという考え方

　実際には，ここまでスクールカウンセラーが一方的に批難を浴びることは，今日ではほとんどなくなった。むしろスクールカウンセラーが学校コミュニティにおいて大事な役割を担っているという認識は，10年前とは比較にならないほど広がってきている。

　背景には何があるのだろう。臨床心理士の他にも，教育カウンセラーや学校心理士などの資格をもった学校教育に理解のあるカウンセラーが増えたからだろうか。それとも，臨床心理士も経験を積んで，学校教育の実情に合わせたカウンセリングスキルを身に付けたからだろうか。

　どちらも否定はしないが，どちらも根本の理由ではないように私には感じられる。スクールカウンセラーが学校教育への理解を深めたのではなく，学校教育の現場がスクールカウンセラーを取り込んだ教育システムへと変貌しつつあるからではないだろうか。

いうなれば，従来の教育の考え方に加えて，支援＝ケアという考え方が浸透してきたのである（支援は，普通はサポートという意味に解釈される。サポートもまたケアの一側面である）。それは，端的には「特別支援」という用語に象徴されるが，それだけではない。昨今の学校では，教科を担当し学年部に属する教員だけでなく，教育補助員や教育支援員，教育相談員，介助員などと呼ばれる職員が配置されている。この先生たちは，特別支援学級でももちろん活動しているが，他方で，学級集団の中でいわゆる問題行動や不適応を起こしている児童生徒たちにも深く関わっている。その内容は，学習支援にとどまらず，生活支援の全般に及んでいる。また，学校では，心の健康に関するアンケートの実施，「教育相談部会」や「支援会議」といった会合が定期的に開かれ，個々の児童生徒への対応についての協議が行われている。ここでは，個別の「支援シート」に基づいて，チーム支援の体制も図られている。

　このような支援＝ケアの発想は，医療や福祉のモデルに近いだろう。これは教員たちが従来行ってきた生徒指導のアプローチとは明らかに異なっている。そして，こうした支援＝ケアのアプローチが学校コミュニティに浸透してきたのが，まさしくこの10年くらいの出来事なのである。

　ならば，学校コミュニティにケアの考え方が広がりつつある中で，当のスクールカウンセラーはどう位置づけられるのだろうか。ひとまずチーム支援の体制の一画に組み込まれつつあるのは確かだ。「教育相談部会」や「支援会議」などにスクールカウンセラーが参加することもある。また，教職員とのコンサルテーションを通して，情報の共有，心理状態や発達段階の把握，成育環境の考察など，児童生徒を心理学的に理解するための助言や，具体的な関わり方について提案することもある。他にも，外部機関との連携を示唆したり，家庭支援の方策について考えたりもする。

　けれども，学校としては，それだけではどうももの足りない。だいたい相談室に閉じこもって，相変わらず個別の面談ばかりしているのはどうなのか。いくらカウンセリングが仕事だからといっても，学校全体の役に立っているとはいえないのではなかろうか。スクールカウンセラーは，もっと学級集団にはた

らきかけるべきである。もっと学校改善に関わるプログラムの開発に取り組むべきである。スクールカウンセラーに対する学校の期待や要求は，10年前には想像すらできなかったほどに膨らんでいる。

4　スクールカウンセラーの効果的な活用法

　アメリカやカナダでは，スクールカウンセラーの様々な効果的な活用方法が提起され，実践されている。

　進路指導やキャリア教育のプログラム，ドラッグ・アルコール・喫煙依存の予防プログラム，落ちこぼれ救済のためのスタディスキルグループなどに，スクールカウンセラーが介入し，学校改善の中心を担っている。加えて，アサーショントレーニング，ピアサポート，アンガーマネジメント，コーチング，構成的エンカウンターなど，生徒や教職員のコミュニケーションスキル向上のためのワークショップをスクールカウンセラーが積極的に行い，さらには授業などに取り入れるように学校に促している。

　アウトリーチ型の支援とは，まさにこういうことをいうのだ。スクールカウンセラーは相談室の中でじっと待っていても始まらない。学校に対して，能動的にはたらきかけて，自分たちのできること，すべての生徒や教職員にとって役に立つことをアピールしなければならない。

　昨今の日本の学校現場の実情を考慮すれば，どうなるだろう。例えば，いじめ自殺防止のためのプログラム，学級崩壊を未然に防ぐための学級経営プログラム，発達障害に対する理解と支援のためのプログラム，モンスターペアレントへの対応プログラムなど（プログラムのオンパレードだ！）を開発して，ともかく学校で起こっている困難な課題やトラブルへの応急処置のために，スクールカウンセラーをもっと活用すべきである。

　そうすれば，学校にとってのスクールカウンセラーの有用性は格段に高くなるだろう。もう学校の中の誰一人として「スクールカウンセラーって何やっているの？　本当に役に立っているの？」などとは言わなくなるはずである。

このように書いていくと，スクールカウンセラーにはまだまだできること，学校の役に立つことが，いくらでもあるように思えてくる。校内の相談室の中で個別のカウンセリングばかりやっていないで，教職員や児童生徒たちが集団生活する教室の中でもっと活動したらどうか。学校コミュニティを少しでもよりよい方向へと変えていく仕事に従事するのが望ましいだろう，という話にもなっていく。

5　コスパで考える

　ネット社会では，コスパという言葉をしばしば見かける。

　コスパ＝コスト・パフォーマンスの略語。費用対効果と訳されるようだ。元は経済用語である。意味は，支払う金額やかける時間に対して，効果や価値の度合いがどれくらいなのか，ということ。

　面白いことに，今時の若者は，恋愛感情についてこの言葉を使うらしい。好きになった異性と食事をしたり遊びに行ったりすると，お金や時間がかかる。それだけ費やしたとしても，いざ告白したらフラれてしまうことだってある。たとえ付き合ったとしても，別れたときに過去の汚点をネットで拡散されるかもしれない。恋愛はコスパが悪い。だから，恋愛なんかするより，一人で楽しめる趣味にでもお金と時間をかけたほうが，よっぽどコスパが良い。

　コスパは，高い／低いではなく，なぜか良い／悪いという基準で語られる。品質について良いとか悪いというのと同じ感覚なのだろうか。コスパで考えると，恋愛感情というナイーブな心模様ですら商品のように扱われる。

　コスパで考える。別の言い方をすれば，功利主義，効率重視，有用性志向。もっと簡単に言ってしまえば，損か得か，役に立つか立たないか，といった基準でものを見ること。なんてことはない。大抵の人間は，多かれ少なかれ，こうした発想で生きている。

　それは，スクールカウンセラーであっても，例外ではない。学校がスクールカウンセラーを活用する。このこともまた，コスパで考えられている。

しかし，スクールカウンセラーの活動というのは，本当にコスパで考えるべきなのだろうか。もちろん，そういう観点を否定するわけではない。一つの仕事なのだからコスパで考えるのは当たり前のことだ。とはいえ，恋愛感情をコスパで考える若者に一抹の不安や違和感を覚えるのにも似て，スクールカウンセラーの活動には，コスパでは計れない，何かもっと大事なことが含まれているように思われるのである。

6　大いなる沈黙の世界

この辺りでちょっとブレイク。学校とは関係がなさそうな話をしよう。何が言いたいのかと思われるかもしれないが，しばしのお付き合いを。

フランスのアルプス山脈の麓にひっそりと佇む伝説の修道院がある。カトリック教会の中でも最も厳格な戒律を遵守しているグランド・シャルトルーズ。ここでの修道士たちの生活を撮影した『大いなる沈黙へ』（Die Grosse Stille）と題する異色のドキュメンタリー映画をご存じだろうか。

この映画には，ナレーションがない。照明もない。礼拝のときの聖歌以外は音楽もない。そして，言葉がほとんどない。およそ3時間の長さ。修道院の生活が，美しい自然の音や光とともに，穏やかに淡々と流れていくのみ。

この修道院では，会話が，日曜日の午後の散歩の時間を除き，戒律ですべて禁止されている。俗世間との関わりを一切絶ち，静謐のもと祈りと瞑想と作務に一生を捧げる修道士たち。何世紀にもわたって変わらない沈黙の中で，ひたすら神と向き合う生活が続けられている。

日本では，2014年7月に東京の岩波ホールで上映された。公開期間の2週間で7,500名ほどの人々が訪れ，ドキュメンタリー映画としては異例の話題作になったのだという。

なぜだろう。映画を観たほとんどの人が，この静寂の世界に魅入られ，絶賛する。この世の喧騒や慌ただしさから遠く離れた超俗への憧れが，観る者の内面を深く掘り下げるのだろうか。自分たちの日常とは全く異なった世界である

からこそ，かえって自身を見つめ直し，深く入り込み，本来の自己に向き合うことを可能にするのだろうか。

　監督のドイツ人は，制作の意図について，次のように語っている。

　「この映画の主人公は観客である。修道院の神聖な時間と空間に身を委ねることによって，自己を探究すること，自分自身になること，新たな自分を発見することを体験してほしい。」（『東京新聞』2014年7月10日付「放送芸能」の記事より）

　俗世間と隔絶して生きることに理想の境地を見出す。スクリーンに映し出される修道士たちの満ち足りた穏やかな表情からは，私たちの日常では見出すことのできない聖なる輝きが放たれている。

　だが，穿った見方をすれば，彼らは社会環境にうまく適応できず，現実逃避した落ちこぼれなのではないのか，修道院という宗教施設に守られているが，いわゆる“ひきこもり”と何が違うのか，といった疑問が湧き起こるかもしれない。こういう見方こそ世俗の垢にまみれた愚かしさでしかないわけであるが，ただそんなふうに感じてしまうのも，彼らが一生涯，修道院の中で過ごすのみで，俗世間である人間社会に対して何の還元もしていないように見えるからであろう。彼らは世の中の役に立ってはいないのだ。

　どこまでも世俗中心の私たちは，修道院という聖域であってもコスパ尺度で計ってしまう。けれども，この修道士たちは，そうした俗世間の見方からも完全に自由である。世の中の役に立つか立たないかなどという問いは，彼らにとって何の意味もなさない。

　彼らは，大いなる沈黙の中で，ひたすら神と対話し続けている。ほとんどの人々は，こうした超俗的な宗教生活には耐えられないし，自ら進んで望むことはないであろう。しかしながら，心のどこかではそんな世界を求めている面も否めないのではなかろうか。

　私たちは誰だって，日々の生活に疲れたり，嫌気がさしたり，むなしくなったりすることがある。なぜ生きているのか，どうして勉強するのか，どうして仕事をするのか，なぜ嫌な人と会わなければならないのか，将来のことが見え

ずに不安になるとか，こんなに頑張っているのに認めてもらえない，褒めてもらえない，……等々。いろいろと考えてしまって，気持ちが沈んだり，悲しくなったり，泣きたくなったりする。

大いなる沈黙の世界を求めたくなるのは，そんなときなのかもしれない。それは要するに心の癒しのことかと言われれば，そうなのだろう。だが，本当はそういう言葉でも言い表せないような〈何か〉に魅かれて，さらに深く，自己を見つめ直し，心の成熟へと向けるために，私たちは大いなる沈黙の世界に自身を委ねたくなるのではなかろうか。

7　学校現場にスクールカウンセラーが存在する意味

さて，見当違いも甚だしいと感じられるかもしれないが，私はあえて言いたいのである。学校現場にスクールカウンセラーが存在する意味は，この大いなる沈黙の世界に通じるところがある，と。

といっても，何もスクールカウンセラーは，宗教家になるべきだとか，修道士に似ているとか，そういうことではない。宗教の話をしたいのではない。

今，日本の学校現場は，はっきりいって忙しすぎる。教員たちはみな，授業計画やら学校行事やら部活の顧問やらで，とにかく時間が足りない。それに，なかなか難しい保護者たちの対応にも苦慮して，神経をすり減らしている。子どもたちは日々の学習課題に追われ，そこに習い事や部活動などが入ってくる。しかも，クラスの人間関係に気をつかい，身を守り葛藤しながら生きている。そんな状況の中で，ひとたび問題行動でも起きれば，今度は生徒指導だ，支援体制だと対応に追われ，子どもたちもストレスにさらされる。

学校に，スクールカウンセラーがいたからといって，どれほどの役に立つというのだろうか。もちろん何らかの支援はできるだろう。対応のプログラムを考えることだってできるかもしれない。しかし，それは，教員や生徒と一緒になって，学校の忙しさを共有し，学校をさらに忙しくする手助けをすることとは違うのではないか。学校自体のシステム改革の話はここでは置いておこう。

ここで考えたいのは，目まぐるしく動いている学校コミュニティの中に，スクールカウンセラーが存在する意味である。

スクールカウンセラーがいないからといって，学校の動きが止まることはないだろう。学校は相変わらず忙しく回っているに違いない。修道院も同じことだ。この修道院の存在に世界の多くの人々は気づかない。注目されることは滅多にない。それでも，世界は動いているし，回っている。

しかし，だからこそ，スクールカウンセラーは，あえて学校の日常から距離を保ち，校内の相談室という空間において，個別に寄り添うカウンセリングの場を提供するべきなのではあるまいか。修道院が世俗から隔絶して，沈黙の生活を続けるように。

カウンセリングは，限られた時間であるとはいえ，学校の慌ただしい日常とは異なった世界を体験する場である。それこそが大いなる沈黙の世界への通路なのだといえば，大げさに聞こえるかもしれない。実際，カウンセリングは，ときおり沈黙もあるが，ほとんどは語りの場であり言葉の世界である。ただ，日常の会話場面と少し違うのは，そうした言葉のやりとりを通して，訪れる者が，自身と深く向き合い，自分を再発見する場であるということだ。ここに大いなる沈黙の世界に通じるものがある。

とはいえ，そうした体験の場を，ごく一部の生徒や保護者に提供したから何だというのか。相変わらず，学校は多くの課題に追われているし，状況はちっともよくならないではないか，とやはり思われることだろう。まったくその通りである。けれども，結局のところ，スクールカウンセラーとは，本質的にそういう存在なのである。

本書のキーワードとして，Being と Doing の対比があった。要するに，カウンセラーの関わり方に，受動的か能動的かの違いがある，ということ。そう言いたくなるのはよく分かる。私もまずはそう考えた。相対概念として捉えるならば，そういう解釈が普通であるし，間違っていない。だが，よくよく考えてみれば，この二つの概念は，そもそもの位相が異なるのではないだろうか。

受動も能動も，どちらも行為である限りは，Doing である。Doing は目に見

える。したがって，コスパ尺度の対象になる。スクールカウンセラーが学校の中で何をしようとも，どんな態度でいようとも，学校の役に立つかどうかの評価を下すことができるだろう。

　ところが，Being は，そうした尺度で計ることができない。「学校にスクールカウンセラーが存在する」。これが Being の意味だ。もう少し実情に合わせて言うならば，「学校でスクールカウンセラーに出会う」ということだ。

　「出会う」というのは，ひとまず Being と Being とが一つの場を共有し，関わりが起こる，といった物理現象を指す。しかし，Being の出会いとは，それ以上の意味が含まれている。それは目に見えない，心の現象である。その存在と出会うことによって，何らかの心の変容が起こる。心が揺さぶられ，自分の中の何かが動き出す。Being の出会いとは，そのようなものだ。

　Being は，したがって，実感の世界である。学校の現場で，スクールカウンセラーに出会い，それによって自分の中で何かが変わる。ここにスクールカウンセラーが存在する意味がある。そのことが役に立ったのかどうかは，誰にも分からない。もっといえば，実感の世界では，役に立ったかどうかなどどうでもよくなる。スクールカウンセラーは，そういうカウンセリングの場を学校に提供するのである。

人名索引

事項索引

著者紹介 (執筆順)

稲垣応顕 (いながき・まさあき) [編者]
上越教育大学大学院教授
新潟大学大学院博士後期課程中退。修士 (教育学)。著書に, 『教育カウンセリングと臨床心理学の対話』 (共著, 文化書房博文社, 2006), 『集団を育むピア・サポート——教育カウンセリングからの提案』 (共著, 文化書房博文社, 2009), 『生徒指導論——真心と優しさと』 (編著, 文化書房博文社, 2011), 『学際型現代学校教育概論』 (共著, 金子書房, 2011) など。好きな言葉, モットーは「天は, その人が負いきれないほどの苦難は与えない」。

坂井祐円 (さかい・ゆうえん) [編者]
新潟県立看護大学非常勤講師, 同朋大学大学院講師
京都大学大学院教育学研究科博士課程修了。博士 (教育学)。臨床心理士。真宗大谷派僧侶。普段は, 自坊にて仏事を勤める傍ら, 新潟県内および長野県内の小中学校・高校で, スクールカウンセラーをしている。著書に, 『仏教からケアを考える』 (法藏館, 2015), 『ケアの根源を求めて』 (共著, 晃洋書房, 2017), 『お坊さんでスクールカウンセラー』 (法藏館, 2018) 他。臨床を通して感じることは, 「今ここに, いのちがはたらいている」。

水上和夫 (みずかみ・かずお)
富山県公立学校スクールカウンセラー
上越教育大学大学院生徒指導コース修了。主任指導主事, 県総合教育センター教育相談部長, 小学校長在職中からエンカウンターによる人間関係づくりを発信。教師の指導力向上を第一に考え, 「教育は現場からしかよくならない」をモットーに活動している。今も「学級づくり研修会」「対話のある授業づくり研修会」「いじめ防止ワークショップ」等の研修会や授業を行っている。

横澤富士子（よこさわ・ふじこ）
糸魚川市こども教育課こどもの主任教育相談員
明治学院大学社会学部社会学科卒業。日本生命保険相互会社品川支社，日本橋女学館高等学校教諭等を経て現職。新潟県スクールカウンセラー。論文に，「糸魚川市のペアレント・トレーニング」（共著，上越教育大学特別支援教育実践研究センター紀要，第19巻，2013）。臨床のモットーは「丁寧に聴かせていただくこと」。好きな言葉は「寛容」「子どもは宝」。

戸田弘子（とだ・まさこ）
兵庫県教育委員会嘱託スクールカウンセラー，妙龍寺・普門院作務
大阪大学大学院文学研究科博士後期課程退学。臨床心理士。日本人間性心理学会監事。宇部フロンティア大学臨床教授（2011～2014年）他。共著に，『心理療法とスピリチュアルな癒し』（上月游晏名義，春秋社，2007）他。論文に，「『自然手技法』を実践した医師の生活史と治療」（人間性心理学研究，第21巻，2003），「治療の場の〈真〉について」（心の諸問題論叢，第4巻，2009）他。臨床での心がけは，「からだ（場）の聲を聴く」こと。

スクールカウンセラーのビリーフとアクティビティ
——児童生徒・保護者・教師とどう関わるか

2018 年 6 月 9 日　初版第1刷発行　　　　　　　　　　　　〔検印省略〕

編　者　　稲垣応顕

坂井祐円

発行者　　金子紀子

発行所　株式会社　金子書房

〒112-0012　東京都文京区大塚 3-3-7
Tel 03-3941-0111(代) Fax 03-3941-0163
振替　00180-9-103376
URL　http://www.kanekoshobo.co.jp
印刷／藤原印刷株式会社　製本／株式会社宮製本所

金子書房の教育・心理関連図書

学際型現代学校教育概論
シナジェティックス研究会
稲垣応顕・黒羽正見・堀井啓幸・松井理納　著
——子どもと教師が共鳴する学校づくり

定価　本体2,400円＋税

心理カウンセリング 実践ガイドブック
福島脩美　著
——面接場面に大切な７つのプロセス

定価　本体2,800円＋税

いじめに対する 援助要請のカウンセリング
本田真大　著
——「助けて」が言える子ども、「助けて」に気づける援助者になるために

定価　本体1,800円＋税

いじめからいのちを守る
近藤　卓　著
——逃げろ、生きるため

定価　本体1,300円＋税

不登校の子どもへのつながりあう登校支援
田上不二夫　著
——対人関係ゲームを用いたシステムズ・アプローチ

定価　本体1,600円＋税

明解！スクールカウンセリング
黒沢幸子・森　俊夫・元永拓郎　著
——読んですっきり理解編

定価　本体2,800円＋税

包括的スクールカウンセリングの理論と実践
本田恵子・植山起佐子・鈴村眞理　編
——子どもの課題の見立て方とチーム連携のあり方

定価　本体3,500円＋税

スクールカウンセラー活用の考え方・進め方
樺澤徹二　著
——教師と心理援助職の協働の質を高める

定価　本体2,900円＋税

スクールカウンセリングに活かす描画法
高橋依子　監修　橋本秀美　著
——絵にみる子どもの心

定価　本体2,800円＋税

小学校スクールカウンセリング入門
吉田克彦・若島孔文　編著

定価　本体2,300円＋税